ŒUVRES

BALISES

Collection dirigée par Henri Mitterand

Les Fleurs du mal

Baudelaire

Dominique Rincé
Agrégé des Lettres
Maître de conférence
à l'École Polytechnique

NATHAN

Sommaire

La vie de Charles Baudelaire

Je n'ai pas oublié

Deux événements déterminent l'enfance du poète : la mort d'un père (1827) et le remariage d'une mère (1828). Né le 9 avril 1821, à Paris, d'un veuf de 62 ans qui vient d'épouser en secondes noces une jeune femme de 27 ans, Charles s'enivrera, six ans plus tard, du « vert paradis des amours enfantines » dans la « blanche maison » de Neuilly, entre Mariette, l'inoubliable servante, et Caroline, sa mère « en grand deuil ». « Époque d'amour passionné » pour celle qui, dans ses fourrures parfumées, fut à la fois « une idole et un camarade ». D'où une impression de trahison face au remariage rapide avec l'ambitieux chef de bataillon, Aupick. « Je n'ai pas oublié... » et « La servante au grand cœur » témoignent, plus de trente ans après, de l'inguérissable blessure que fut, pour l'enfant déprimé, le partage d'une mère qu'il croyait « uniquement » à lui. « Sentiment de solitude dès mon enfance », note-t-il dans ses carnets intimes. Au collège à Lyon, où son beau-père est muté de 1828 à 1835, ce nouvel Hamlet commence à se plaindre de « lourdes mélancolies ».

La paresse du rebelle

En apparence, « le mioche donne satisfaction ». De retour à Paris, l'adolescent est admis au lycée Louis-le-Grand où il dévore jusqu'à la nausée la poésie romantique, se distingue en vers latins et se sent coupable de ce qu'il diagnostique comme « une éternelle paresse ». Exclu à la suite d'un incident, cet élève « excentrique » obtient quand même le baccalauréat en août 1839. À son beau-père qui le voudrait ambassadeur, Baudelaire oppose un refus subversif : il veut être poète. Une inscription de complaisance à la faculté de droit ne change rien au désir du beau-fils rebelle : « être indépendant le plus tôt possible, c'est-à-dire dépenser mon argent », ce qu'il fait avec des prostituées. Comme un dandy. Mais en pure perte, car l'énergique général ne tarde pas à mater la révolte de ce jeune homme indigne. Dès 1841, Charles est embarqué sur le « Paquebot des Mers du Sud » avec ordre de changer de conduite. Le voyage aux « Indes », qu'il écourte au bout de sept mois, sera le seul périple de cet exilé de l'intérieur. Le temps de s'ennuyer là-bas comme ici, malgré les charmes exotiques de « la belle Dorothée ». *Les Fleurs du mal* se souviendront des corps paresseux caressés par des parfums bizarres...

Du dandysme à la bohème

Possédant désormais sa part d'héritage paternel, Baudelaire fait de son retour à Paris une grande parade du dandysme. Dépenser tout, vivre vite, s'enivrer de vin, d'amour, d'art : voilà le programme frénétique du jeune poète qui, à l'hôtel Pimodan, partage sa vie de défis avec « la Vénus noire », Jeanne Duval, une mulâtresse qui a « quelque chose de divin et de bestial ». La sanction de ces provocations jugées scandaleuses par le respectable général sera sans appel : à la suite d'un conseil judiciaire, Charles est mis sous la tutelle de maître Ancelle auquel il devra, pendant vingt-trois ans, rendre compte de ses faits et gestes. Le traumatisme causé par cette décision qui fait de lui un mineur à vie aboutit à une tentative de suicide en juin 1845. Les coups de canif cicatrisés, Baudelaire décide de vivre du journalisme d'art : le *Salon de 1845* est son coup d'essai, le *Salon de 1846*, son coup de maître. Deux premiers poèmes sont publiés. Après le dandysme, commence la vie de bohème.

La révolution poétique

La Fanfarlo, nouvelle publiée en 1847, fait la caricature d'un poète méditant des « desseins difficiles » promis à de « risibles avortements ». La passion fétichiste de Samuel Cramer pour une comédienne au « rouge » provoquant renvoie ironiquement à la fascination de Baudelaire pour Marie Daubrun, actrice aux yeux « verdâtres », qui joue parfois à être une sœur pour l'âme mélancolique du poète. Les événements politiques de 1848 ne changeront pas la vie. L'ivresse révolutionnaire de Baudelaire, qui monte courageusement aux barricades, sera de courte durée. Une rage à faire fusiller son beau-père et un reste d'illusion lyrique laisseront le poète « physiquement dépolitiqué » après le coup d'État de Louis-Napoléon Bonaparte (2 décembre 1851). La vraie révolution sera pour lui poétique : la rencontre en esprit avec Edgar Poe. L'infortune de ce poète maudit, qui écrit des phrases pareilles aux siennes, éclaire d'un soleil noir le destin de l'artiste moderne. Malgré une médiocre connaissance de l'anglais, Baudelaire va traduire et préfacer – et avec quelle fraternelle compréhension ! – presque toute l'œuvre de son double américain.

Le guignon

Remaniant interminablement des poèmes écrits depuis sa vingtième année, Baudelaire ne se risque à publier, outre ses traductions de Poe, que des études critiques, où il aiguise une exceptionnelle sensibilité artistique. Enfin, en 1855, parallèlement à son compte-rendu de l'Exposition universelle, paraissent dans *La Revue des deux mondes* dix-huit poèmes, intitulés *Fleurs du mal*. C'est le prélude à la parution si longtemps différée, chez son éditeur et ami Poulet-Malassis, des cent poèmes du recueil *Les Fleurs du mal*, mis en vente le 25 juin 1857. Le procureur Pinard, qui venait de requérir sans succès contre *Madame Bovary*, obtiendra, malgré le soutien de Sainte-Beuve* et Barbey d'Aurevilly*, la condamnation du livre en correctionnelle. Après le « fiasco » qui rend absurde son idéalisation amoureuse d'Apollonie Sabatier, la « Présidente » qui était l'ange et la madone de son « livre condamné », Baudelaire traverse, à la fin de cette sinistre année, une phase dépressive dont il ne se relèvera pas. Et cela, malgré la floraison d'écrits majeurs, consécutive à un séjour à Honfleur où il se réconcilie avec sa mère après la mort du général : le *Salon de 1859*, *Les Paradis artificiels* (1860) et la seconde édition des *Fleurs du mal* (1861). En effet, le « guignon » continue : faillite de Poulet-Malassis, retrait d'une candidature suicide à l'Académie française, dettes, déménagements, drogues, hantise d'une vie manquée, culpabilité d'une foi perdue, enfer d'un amour moribond avec Jeanne Duval devenue acariâtre et impotente.

De la dépression à la chute

La fuite en Belgique (1864-1866) pour donner quelques conférences et, enfin, éditer ses œuvres complètes s'avère très vite un remède pire que le mal. Des notes rageusement rédigées stigmatisent à travers cette « pauvre Belgique » qui ne sait pas l'accueillir, la bêtise universelle. Pour faire taire la syphilis qui le ravage, Baudelaire augmente les doses de drogue. *Les Petits Poèmes en prose* ne sont plus qu'une liste décourageante d'improbables projets. Baudelaire continue de tourner deux ans encore dans ce cercle infernal, écrivant de moins en moins, souffrant de plus en plus, jusqu'à cette chute de 1866 dans l'église Saint-Loup à Namur. Hospitalisé à Bruxelles, le poète hémiplégique ne peut plus parler. Parfois, de sa mâchoire convulsée, s'échappe « Crénom ! Crénom ! ». À Paris, où on le transporte en juillet, l'agonie continue. Lucide, silencieuse, pathétique. Entre les amis trop rares et la mère trop encombrante. Enfin, ce sont les derniers sacrements.

Le 31 août 1867, alors que des *Petits Poèmes en prose* paraissent dans la *Revue nationale*, Baudelaire meurt à l'âge de quarante-six ans. Le 2 septembre, au cimetière du Montparnasse, le poète Banville* dit de celui qu'on met en terre : « Il a accepté tout l'homme moderne, avec ses défaillances, avec sa grâce maladive, avec ses aspirations impuissantes, avec ses triomphes marqués de tant de découragement et de tant de pleurs ». Peu après la mort de Baudelaire, ses héritiers immédiats (Verlaine, Rimbaud, Mallarmé) comprennent que ce génie mélancolique avait donné naissance à la poésie moderne. Comme l'écrit Maurice Blanchot, « maintenant que Baudelaire est mort dans la gloire de la honte finale, ses moindres papiers, les moindres actes de sa vie sont éclairés d'une lumière nouvelle qui les change et chacun apprend à les lire à rebours, à les déchiffrer derrière le silence qu'a étendu sur eux l'effacement définitif ».

VIE ET ŒUVRE DE BAUDELAIRE	ÉVÉNEMENTS POLITIQUES, SOCIAUX ET CULTURELS
1821 Naissance de Charles-Pierre Baudelaire, le 9 avril à Paris.	**1821** Mort de Napoléon.
1827 Mort du père de Charles.	**1827** Victor Hugo rejoint le mouvement romantique.
1828 Remariage de sa mère avec le commandant Aupick.	
	1830 Début de la conquête de l'Algérie. → **1848** Règne de Louis-Philippe.
1832 Charles est mis en pension au collège royal de Lyon.	**1832** *Les Femmes d'Alger*, d'Eugène Delacroix.
1836 Il est interne au lycée Louis-le-Grand, à Paris. Premières grandes lectures: Chateaubriand, Sainte-Beuve.	**1836** Lamartine publie *Jocelyn*.
	1837 Première ligne ferroviaire française.
1839 Il réussit son baccalauréat.	
1840 Inscription à la faculté de droit. Liaison avec une prostituée, Sarah la Louchette.	**1840** *Qu'est-ce que la propriété?* (Proudhon). *Les Rayons et les ombres* (Victor Hugo).
1841 Embarquement sur le «Paquebot des Mers du Sud.» «À une Dame Créole», «À une Malabaraise» (parution en 1846). Composition d'une vingtaine de poèmes des futures *Fleurs du mal*.	
1842 Retour en France dès février. Il entre en possession de l'héritage paternel. Rencontre avec Jeanne Duval.	
	1843 → **1844** *Le Vaisseau fantôme* et *Tannhäuser* sont mal accueillis.
1844 Sa famille lui impose un conseil de tutelle: il est privé de sa fortune.	

VIE ET ŒUVRE DE BAUDELAIRE	ÉVÉNEMENTS POLITIQUES, SOCIAUX ET CULTURELS
1845 Le 30 juin : il tente de se suicider à coups de couteau. Publication du *Salon de 1845* et de la traduction du *Scarabée d'or* d'Edgar Poe.	
1846 Il envisage un intitulé : *Les Lesbiennes* pour un recueil de poésies. Publication de *Don Juan aux enfers*, de *Conseils aux jeunes littérateurs*, du choix de *Maximes consolantes sur l'amour* et du *Salon de 1846*.	
1847 *La Fanfarlo*. Participation à l'agitation sociale et politique. Rencontre avec Marie Daubrun.	
1848 Participation à la fondation d'un journal révolutionnaire, le *Salut Public*.	**1848** Révolution de février. Journées de juin.
1849 → **1850** Déçu, s'éloigne de la politique.	
1851 Dénonciation du coup d'État. *Du vin et du haschisch*.	**1851** Coup d'État du 2 décembre.
1852 Début de sa passion pour A. Sabatier.	**1852** Victor Hugo à Jersey.
	1853 *Les Châtiments* (V. Hugo).
1854 Publie les *Contes Extraordinaires* de Poe.	**1854** *Les Filles du feu* (Nerval).
1855 *L'Exposition universelle*, et dix-huit poèmes des futures *Fleurs du mal*.	**1855** *Aurélia*. Suicide de Nerval.
1856 Commence la traduction des *Histoires extraordinaires*.	**1856** Victor Hugo publie les *Contemplations* et Flaubert *Madame Bovary*.
1857 Mort du général Aupick. *Les Fleurs du mal* sont publiées chez Poulet-Malassis. Procès. Édition des *Nouvelles Histoires extraordinaires*.	

VIE ET ŒUVRE DE BAUDELAIRE	ÉVÉNEMENTS POLITIQUES, SOCIAUX ET CULTURELS
1858 Séjour auprès de sa mère. Traduction des *Aventures d'Arthur Gordon Pym*, de Poe. *Le Poème du haschisch.*	
1859 *Le Salon de 1859. Les Paradis artificiels.*	**1859** *La Légende des Siècles. Tristan et Ysolde.*
1861 Seconde édition augmentée des *Fleurs du mal.* Il commence *Mon cœur mis à nu.*	**1861** Richard Wagner et *Tannhäuser* à Paris.
1862 Aggravation de son état de santé. Publication de poèmes en prose.	**1862** *Les Misérables.*
1863 *Le Peintre de la vie moderne* : étude sur C. Guys.	**1863** *Le Déjeuner sur l'herbe* (Manet).
1864 Arrivée à Bruxelles. Traduction d'*Euréka* de Poe.	
	1865 *Les Destinées* d'Alfred de Vigny, posthume.
1866 Malaise à Namur. Retour à Paris. Édition des *Épaves* et des *Nouvelles Fleurs du mal.* Atteint d'hémiplégie et d'aphasie.	**1866** Paul Verlaine, *Poèmes saturniens.*
1867 Le 31 août, il meurt dans la clinique du docteur Duval. Il sera inhumé le 2 septembre au cimetière du Montparnasse.	**1867** Marx publie *Le Capital.*

L'œuvre de Charles Baudelaire

AU CŒUR D'UN MALAISE EXISTENTIEL

Qui regarde l'existence de Charles Baudelaire, ne fût-ce que dans ses grandes lignes, est frappé par le contraste permanent qui semble s'y déployer entre la chaîne des épreuves ou des échecs et celle des réussites ou des espérances. Du côté de « l'infortune », la mort précoce du père, la longue « haine » ambiguë pour la mère remariée à un beau-père détesté, l'amertume des années de collège parisien, les ennuis financiers, les infidélités et les crises amoureuses, les déboires du poète condamné, les échecs du conférencier mal compris et les ultimes tortures de l'aphasie et de la paralysie. Du côté de la « ressource », la maturité de l'enfant solitaire, les coups de tête du bohème, la vigueur du critique, l'entêtement du poète, la grandeur de l'homme face à la maladie et à la mort. Tout Baudelaire, l'homme comme le créateur, est présent dans ce contrepoint du bonheur et du malheur, de la force et de la faiblesse, de la résignation et de l'énergie.

On comprend mal le déconcertant manichéisme qui marque toute la poésie de Baudelaire, et particulièrement celle des *Fleurs du mal*, si l'on oublie que son créateur s'éprouve lui-même en son destin, en son âme et en sa chair, comme un être déchiré entre des aspirations contraires et apparemment irréconciliables. Certes, certains diront que ce « déchirement » n'est pas nouveau, et qu'à y bien regarder, il s'apparente par plus d'un trait au malaise romantique de Chateaubriand ou des poètes de la génération romantique de 1830, des hommes et des créateurs eux aussi mal dans leur peau et au cœur d'une histoire difficile à comprendre et à vivre. Pris entre le « mal du siècle » de René* ou d'Adolphe* et le « mal de fin de siècle » de Laforgue* et des décadents*, le mal de Baudelaire ne serait peut-être après tout que le « mal du demi-siècle », l'infortune fatale de l'écrivain de 1850.

Un trait essentiel distingue pourtant le malaise baudelairien des autres « maladies morales » qui jalonnent le XIXe siècle : la lucidité, la conscience critique. Si Baudelaire partage avec les romantiques comme avec les décadents le goût d'une certaine complaisance vis-à-vis de son drame et de ses souffrances répétées, il se sépare d'eux par un constant désir d'élucider et d'exorciser ce drame. Ce que d'autres subissent jusqu'à la délectation ou à la nausée, lui s'efforce de le conjurer, d'en prendre la mesure pour mieux le « traduire » et par conséquent mieux le surmonter.

LA POÉSIE À L'ÉPREUVE DU GOÛT

Il est à cet égard fondamental de rappeler tout ce que l'esthétique et la poétique de l'auteur des *Fleurs du mal* doivent à la pensée et à la pratique du journaliste et du critique. C'est à travers l'expérience, la « lecture » préalable d'autres créateurs, contemporains ou devanciers, que le poète se forge les instruments de sa propre lucidité et de sa propre maîtrise. Condamné, pour des raisons financières, au métier de critique, Baudelaire s'est ainsi vu imposer l'épreuve du jugement avant celle de la création. C'est en fréquentant Brueghel l'Ancien, Goya, Watteau, Thomas de Quincey*, Edgar Poe*, en côtoyant Delacroix, Daumier, Balzac, Gautier, et en promouvant dans ses études Courbet, Manet, Constantin Guys* ou Wagner, qu'il fait véritablement « l'apprentissage » de lui-même dans un fructueux « commerce » où la confrontation alterne avec l'imitation.

Longtemps négligée, la somme des écrits journalistiques et critiques de Baudelaire (*Réflexions sur quelques-uns de mes contemporains*, *Salons de 1845*, *de 1846* et *1859*, *Le Peintre de la vie moderne* et autres *Curiosités esthétiques*) apparaît aujourd'hui décisive pour la bonne intelligence d'une œuvre poétique que, chronologiquement et fondamentalement, elle précède pour une bonne part. Cette épreuve du goût et du jugement que lui imposèrent les aléas de la vie est sans aucun doute à l'origine de la rigueur et de la maîtrise qui caractérisent sa propre esthétique.

ADMIRATIONS ET ÉMANCIPATION

Dans le domaine littéraire, outre l'intérêt de réflexions souvent irrévocables sur ses contemporains (le **dandysme** de Chateaubriand, le **génie** de Balzac, l'**ironie** de Flaubert), on retiendra de la critique baudelairienne qu'elle est pour le poète un prétexte permanent à se situer dans le débat littéraire du demi-siècle qui voit se croiser les dernières voix déchirées du romantisme et les déclarations tapageuses du formalisme d'un côté, du réalisme et du positivisme de l'autre.

S'il accorde tant de place dans son œuvre critique au **romantisme**, c'est que, par tempérament, Baudelaire se sent proche de cette génération d'écrivains où se trouvent ses plus évidents inspirateurs : Chateaubriand, grande figure du « dandysme du malheur » ; Pétrus Borel*, le « lycanthrope » dont les « élucubrations » comblent ses ardeurs de bohème débraillé ; Sainte-Beuve* surtout, dont les *Poésies et pensées de Joseph Delorme* s'imposeront longtemps à lui comme le modèle du recueil lyrique. Toutefois l'admiration que voue à ces aînés le jeune poète ne va pas sans son lot de réprobations. Le mépris qu'il affiche pour Musset par exemple témoigne assez tôt de la distance qu'il prend sur les plans formels et thématiques avec la plupart des romantiques de 1830. Musset est un « croquemort langoureux », écrit-il... Entendons par là que le critique refuse l'épanchement systématique et larmoyant des émotions du cœur dans le langage. Et si Baudelaire dit encore de l'auteur des *Nuits*, sur le mode paradoxal, qu'il a « la faculté poétique » mais qu'« il est mauvais poète », c'est qu'il est aussi coupable à ses yeux du péché capital de laxisme formel, d'abus des licences et des « facilités » de l'écriture.

On comprend dès lors la fascination durable qu'a exercé sur l'auteur des *Fleurs du mal* un écrivain comme Théophile Gautier*. L'ancien militant du romantisme, devenu à partir de 1840 le pionnier de **« l'art pour l'art »**, va l'initier aux vertus de la forme, et c'est par lui qu'il approche les nombreux cercles et écoles (école plastique, école païenne, etc.) qui fleurissent sur les décombres du romantisme moribond après 1848. Auprès du « poète impeccable », Baudelaire prend une leçon de rigueur et de perfection formelles dont l'écriture de ses propres recueils restera profondément marquée. Mais s'il salue en Gautier le métier de l'écrivain et le courage du théoricien, le critique, là encore, sait garder ses distances. Ni le « matérialisme païen », qui heurte sa spiritualité, ni l'esthétisme gratuit ou le « naturalisme » de bon aloi des écoles à la mode ne peuvent combler son génie, plus enclin à soupçonner le beau et à dénoncer le naturel qu'à s'y complaire ou à l'encenser.

La flatteuse dédicace à Gautier des *Fleurs du mal* cachera ainsi difficilement une désaffection grandissante à l'égard de l'auteur d'*Émaux et Camées* en qui il ne reconnaîtra plus guère le créateur passionné et pittoresque de la *Comédie de la mort*. Il est vrai que dans le temps où celui-ci évolue vers un formalisme sclérosant, qui sera l'un des derniers pièges du classicisme, l'auteur des *Fleurs du mal* comprend, lui, qu'il ne saurait y avoir de perfection sans émotion, de beauté sans authenticité, de métier sans tempérament. L'un croit encore en l'éternité du style et en une rédemption purement esthétique ; l'autre s'engage sur la voie plus difficile mais infiniment plus féconde de la **modernité** de l'art et de l'écriture.

LES *FLEURS DU MAL* OU L'ÉCRITURE EN PROCÈS

« L'époque, écrira le poète surréaliste Philippe Soupault, était tout entière baignée par l'ombre immense de Hugo et par le clair-obscur lamartinien. Les poètes de ce temps ne pouvaient croire qu'après la naissance et l'épanouissement du romantisme une nouvelle poésie allait s'élever au-dessus de lui. » C'est donc bien dans cette atmosphère crépusculaire que d'autres, comme les parnassiens*, allaient tenter d'éclairer des feux de l'illusoire conjugaison de « l'Art et de la Science », qu'il faut situer et comprendre l'événement décisif pour l'histoire de notre modernité littéraire que constitue la parution en 1857 de la première édition des *Fleurs du mal*.

Conservant encore quelques zones d'ombre, la genèse du recueil est celle d'un travail à la fois patient et déterminé dans sa rédaction mais hésitant et difficile dans sa publication. Selon certains de ses amis, Baudelaire aurait écrit de très nombreux textes dès 1847-48 alors qu'il faut attendre l'année 1851 pour voir la première publication de deux « sommes » de poèmes au

Messager de l'Assemblée puis à la *Revue de Paris*. Hésitant sur le titre et sur le sens de l'ensemble de sa production, le poète se heurte, dans ce même début des années 50, aux refus des éditeurs de prendre le risque d'une publication plus large et, en 1855, c'est encore une revue, la *Revue des Deux-Mondes*, qui publie, dans une quasi indifférence, dix-huit pièces rassemblées pour la première fois sous le titre *Fleurs du mal*.

Enfin, après d'infructueux pourparlers avec l'éditeur Michel Lévy, c'est à son ami Poulet-Malassis que Baudelaire remet en février 1857 les cent textes qui allaient constituer la première édition du recueil, selon un ordre et une « architecture » (voir Synthèse) dont il est encore difficile de dire s'il les avait imaginés depuis longtemps ou seulement inventés sous cette forme en quelques semaines. Après un travail d'impression laborieux, le volume fut mis en vente le 25 juin. Un virulent article du *Figaro*, en date du 5 juillet, devait en assurer paradoxalement la notoriété tout en conduisant son auteur devant les tribunaux...

Ce procès des *Fleurs du mal*, à situer dans le contexte d'ordre moral prôné par le gouvernement impérial, fut intenté au grief d'« immoralité » et d'« obscénité » de certaines pièces, c'est-à-dire aux mêmes chefs d'inculpation que ceux de Flaubert, six mois plus tôt, pour *Madame Bovary*, autre texte fondateur de notre modernité littéraire. Ne jouissant malheureusement ni d'une image d'honorabilité sociale, ni des protections que Flaubert avait trouvées dans l'entourage de l'empereur, Baudelaire et son éditeur furent condamnés en août par le Tribunal correctionnel à une peine d'amende et surtout au retrait de six poèmes. Même si ce jugement valut au poète le soutien d'autres écrivains, et notamment de Hugo alors lui-même en exil, il l'affecta très profondément, le plongeant dans l'angoisse d'avoir à repenser l'ensemble de l'ouvrage et à reprendre le pénible travail de composition et d'impression.

POÈMES DU GOUFFRE

Après deux années d'abattement, Baudelaire s'engagea de nouveau avec Poulet-Malassis pour la réalisation de ce qui allait être l'édition augmentée et restructurée de 1861. Celle-ci intègre notamment 32 pièces nouvelles, dont un nombre important de textes antérieurs à 1850, et profile l'itinéraire du recueil tout entier vers un horizon beaucoup moins radieux que celui de la « fin » de l'édition de 1857. Le nouveau et long dernier poème, « Le Voyage » (voir p. 86), impose ainsi à posteriori une relecture de l'ensemble beaucoup plus problématique, tant les questions et injonctions finales aux couleurs du néant ont pris, semble-t-il, le relais des espérances de naguère :

« Nous voulons, tant ce feu nous brûle le cerveau,
Plonger au fond du gouffre, Enfer ou Ciel, qu'importe ?
Au fond de l'Inconnu pour trouver du *nouveau* ! »

Patienter « au bord du gouffre », creuser le « gouffre », tel semble être bien le dernier défi de celui qui, de 1861 à 1866, écrit et publie en revue une douzaine de poèmes que deux de ses amis, Banville* et Asselineau, ajouteront en 1868 (sans ordre, à l'intérieur de la partie « Spleen et Idéal ») dans une édition posthume abusivement qualifiée de définitive et parue chez Michel Lévy avec une préface de Théophile Gautier*. Il s'agit des textes intitulés « Épigraphe pour un livre condamné », « Madrigal triste », « La Prière d'un païen », « Le Rebelle », « L'Avertisseur », « Recueillement », « Le Couvercle », « La Lune offensée », « La Plainte d'Icare », « L'Examen de minuit », « Bien loin d'ici » et « Le Gouffre ».

Marqués par ce qu'Yves Charnet appelle « la logique du vertige », empreints de la terrifiante expérience vécue par Baudelaire lors de la première attaque du mal qui devait le plonger vivant dans l'inconnu, ces poèmes déclinent dans leurs vers la sombre venue de cet « innommable » dont témoignent ses carnets intimes de l'époque : « Au moral comme au physique, j'ai toujours eu la sensation du gouffre, non seulement du gouffre du sommeil, mais du gouffre de l'action, du rêve, du souvenir, du désir, du regret, du remords, du beau, du nombre, etc. J'ai cultivé mon hystérie avec jouissance et terreur. Maintenant j'ai toujours le vertige et aujourd'hui, 23 janvier 1862, j'ai subi un singulier avertissement, j'ai senti passer sur moi le vent de l'aile de l'imbécillité. »

VERS LA POÉSIE EN PROSE : INVENTION ET IMPASSE

En même temps qu'il écrit ces « nouvelles » *Fleurs du mal*, plus sombres et vénéneuses que celles des premières éditions, Baudelaire avance, avec mille difficultés dont témoigne sa correspondance, un projet de recueil de poèmes en prose qui devait, dans son esprit, faire « le pendant » quantitatif (une centaine de « bagatelles » était initialement prévue) et esthétique de son œuvre en vers. Après plusieurs parutions fragmentées en revues, seuls cinquante « petits poèmes en prose » seront publiés ensemble en 1869, sous le titre du *Spleen de Paris*, dans l'édition posthume des *Œuvres complètes* du poète.

À l'évidence, la continuité d'inspiration est forte entre ces cinquante proses et l'œuvre versifiée. Tous les grands thèmes des *Fleurs du mal* s'y trouvent réorchestrés : la haine du naturel corrompu (« Le Confiteor de l'artiste », « Le Chien et le flacon »), le fléau du temps spleenétique (« La Chambre double », « L'Horloge »), opposé aux mirages de l'idéalité fugitive (« Déjà ! »), l'aliénation et les mutilations du créateur (« Le Vieux saltimbanque », « Une Mort héroïque »), la dualité existentielle (« Le Thyrse »), l'invocation des artifices (« Enivrez-vous »), l'évocation des sortilèges de la femme (« Le Désir de peindre », « Portraits de maîtresses ») et bien sûr l'utopie libératrice de la mort (« Anywhere out of the world »).

Toutefois cette reconduction de la thématique des *Fleurs du mal* peut nous conduire à penser que la poésie en prose, loin d'être le point le plus avancé de l'innovation poétique chez Baudelaire, en est plutôt une sorte d'impasse formelle. Outre qu'il n'est pas l'inventeur du genre, puisqu'Aloysius Bertrand* et Maurice de Guérin*, dans la forme stricte du poème en prose, ou Nerval dans celle, plus indéterminée, de la prose poétique, l'ont devancé en ce domaine, Baudelaire apparaît assez timide dans le maniement d'une écriture qui ne coïncide pas naturellement avec son tempérament et ses convictions esthétiques. À l'exception de quelques réussites, notamment dans l'évocation de la modernité urbaine du Paris d'Haussmann, le poète semble mal à l'aise dans l'usage d'une forme sans doute plus disponible aux élans et délires de l'imaginaire qu'à l'expression des conflits ressassés d'un cœur et d'une intelligence.

REPÈRES

Même si on laisse de côté la question des doublets en prose des poèmes versifiés (« Le Crépuscule du soir », « l'Invitation au voyage », « La Chambre double », « Un Hémisphère dans une chevelure » et encore quatre ou cinq autres pièces), tous probablement ultérieurs aux vers des *Fleurs du mal*, mais tous rédigés aussi parmi les premiers textes du *Spleen de Paris*, on ne peut se défaire de l'impression que la phrase baudelairienne souffre de l'« antériorité » sinon chronologique, du moins ontologique du vers. Même si Baudelaire évite la raideur du vers blanc* et de la « phrase nombreuse » chers à Maurice de Guérin, il parvient rarement au « dépouillement miraculeux » qu'il souhaitait dans sa dédicace de 1862 : « Quel est celui d'entre nous qui n'a pas, dans ses jours d'ambition, rêvé le miracle d'une prose poétique, musicale, sans rythme et rime, assez souple et assez heurtée pour s'adapter aux mouvements lyriques de l'âme, aux ondulations de la rêverie, aux soubresauts de la conscience ? »

Chez lui, en réalité, la prose n'est sans doute encore, avec les commodités qui sont les siennes (en matière de libertés lexicales et syntaxiques interdites par la rigueur métrique), qu'une modalité de l'écriture parmi d'autres. L'habile versificateur des *Fleurs du mal* imagine mal l'ouverture de la prose à la poésie, son champ d'investigation et d'expression étant radicalement étranger au vers. S'il rêve de sa « musique » et admire sa souplesse, il ne paraît guère soupçonner les vrais « miracles » que Rimbaud, Lautréamont* et, plus tard, les surréalistes feront « exploser » en elle. D'une manière générale, cette « impasse » de la prose baudelairienne pose le problème de la poétique de l'auteur des *Fleurs du mal* (voir Synthèse), plus classique qu'on ne le pense souvent mais fondamentalement novateur à l'intérieur de ce classicisme formel.

HÉRITAGE ET DESTIN DES *FLEURS DU MAL*

Baudelaire partage aujourd'hui avec Hugo la première place dans la hiérarchie des « valeurs » poétiques telle que l'exprimeraient la hauteur des ventes en librairie, le nombre de travaux universitaires et celui des sujets proposés au baccalauréat... Quelle revanche pour l'écrivain condamné de 1857 et le poète largement méprisé par le discours critique et universitaire de la fin du XIXe siècle, à l'image de ce jugement sévère de Brunetière : « Ses ridicules affectations de dandysme, ses paradoxes des *Fleurs du mal* ont exercé, depuis une vingtaine d'années, une grande et fâcheuse influence... »

« Fâcheuse influence » en effet que celle d'un poète qui, sans avoir jamais régné sur un quelconque « cénacle », a infléchi tout le cours non seulement de notre poésie mais encore de notre sensibilité critique et esthétique. Pendant un demi-siècle après sa mort son empreinte ne sera pourtant que souterraine car, comme le dit justement Walter Benjamin : « Baudelaire ne fut porté par aucun style et n'a pas eu d'école. Cela a considérablement gêné l'accueil qu'on a pu lui faire. » Il faut attendre en effet la Première Guerre mondiale et l'entrée des *Fleurs du mal* dans le domaine public en 1917, pour voir, grâce à la reconnaissance d'autres écrivains (Proust, Gide, Valéry et les surréalistes) son génie identifié et célébré pour ce qu'il était vraiment : l'initiateur de notre modernité culturelle.

Dans une conférence de 1924 intitulée « Situation de Baudelaire », Paul Valéry affirmait : « Ni Verlaine, ni Mallarmé, ni Rimbaud n'eussent été ce qu'ils furent sans la lecture qu'ils firent des *Fleurs du mal* à l'âge décisif. » Et, dans le même texte, il esquissait en ces termes l'arbre généalogique à deux branches principales qui caractérise la descendance du grand poète : « Tandis que Verlaine et Rimbaud ont continué Baudelaire dans l'ordre du sentiment et de la sensation, Mallarmé l'a prolongé dans le domaine de la perfection et de la pureté poétique. » Même si l'on peut discuter la place ici donnée à l'auteur des *Romances sans paroles* – tout autant préoccupé de perfection et d'invention poétique que de « sensations » –, on ne peut qu'adhérer à cette présentation d'un héritage en somme double : d'un côté les « alchimistes du verbe », de l'autre les « artistes du vers ».

Les premiers, les « **alchimistes** », sont prêts à plonger « au fond du gouffre », au bord duquel l'auteur du « Voyage » s'était arrêté. Grands rêveurs d'inconnu et de nouveau, apprentis sorciers, ils cherchent dans les désordres de la chair ou du langage l'espace d'une poétique nouvelle qui soit aussi le « lieu » d'une existence délivrée.

C'est la lignée du Rimbaud des « Lettres du voyant » et de la *Saison en enfer* qui honore précisément en Baudelaire la « divinité » d'avoir été « le premier voyant ». C'est celle du Lautréamont* des sataniques *Chants de Maldoror* qui glose étrangement, dans plus d'une page, sur les déchirements de l'« homo duplex ». Plus proche de nous, et malgré les réserves d'André Breton qui n'aimait guère Baudelaire, c'est aussi celle des surréalistes, de ces acharnés de l'imaginaire, de ces manieurs de visions et de fantasmes que sont Philippe Soupault, Robert Desnos ou Antonin Artaud. C'est encore, parmi les poètes contemporains, celle d'Yves Bonnefoy qui renouvelle l'acte de confiance de l'auteur des *Fleurs du mal* dans la vertu ontologique et cathartique du poème : « Je tiens, écrit-il, que Baudelaire a choisi de mourir – d'appeler la mort dans son corps et de vivre sous sa menace – pour mieux saisir dans sa poésie la nuée aperçue aux limites de la parole... »

Moins soucieux de paris existentiels, de départs tapageurs ou d'audacieuses plongées dans l'« au-delà » que de la grande patience de l'écriture, les « **artistes du vers** » de la seconde « branche » héritent, eux, de l'auteur des *Fleurs du mal*, son obstination à traduire dans le langage et ses figures les mystères de l'être et du monde. C'est la lignée de Verlaine, le musicien du vers ; c'est celle de Mallarmé, qui remodèle dans les désordres de la syntaxe et les arcanes de la prosodie toute la thématique de Baudelaire pour la porter souvent au niveau d'une métaphysique exigeante et difficile. C'est, au XXe siècle, celle de Paul Valéry, disciple du précédent, et lui aussi versificateur obstiné et rigoureux des intermittences du cœur et de l'intelligence. C'est encore celle de Paul Claudel, dont les odes ou versets ont indéfiniment cherché à rythmer et à cadencer ces grandes « houles » de l'âme et de l'histoire qui affleuraient déjà dans les poèmes des *Fleurs du mal*.

Plus près de nous, des écrivains et poètes comme Georges Bataille, André Pieyre de Mandiargues, André Frénaud ou Henri Michaux semblent avoir aussi vécu et écrit dans ce « sillage ». Et si nous devions, à l'heure où la modernité se confond avec la simple actualité poétique, identifier d'un nom cette seconde « descendance », nous citerions volontiers celui de Michel Deguy. Chez l'auteur de *Biefs* et de *Figurations* se devine encore en effet la fascination pour l'infini travail de Baudelaire, obstinément attelé à « figurer » l'Être toujours dérobé dans les signes et les marges du langage : « Sa poésie, écrit Deguy, est un désir d'infini ; désir qui prend langue, donc... Désir de langue... si la langue “est comme” l'infini, le poème est ce rapport de “défaut” à la “totalité” de la langue, qui l'affronte, la défie, la joue pour en déterminer le manque localement. S'acquitter de l'impossibilité constitutive d'être à la mesure de ce que “je” pourrais faire dire à la langue ici et maintenant (ému par le silence du parloir des choses, le comparoir du « monde »), ce désir prend figure de poème... »

Dans tous les cas, « alchimistes du verbe » ou « artistes du vers », l'œuvre de Baudelaire, comme l'écrit un critique contemporain, « a déclenché, pour reprendre une expression qu'il aimait, cette inépuisable fête du cerveau où il a lui-même engagé, irrévocablement, la poésie ».

Les grands textes

PREMIÈRE PARTIE : « SPLEEN ET IDÉAL »

DESCRIPTIF

Cette première section des *Fleurs du mal* est de loin la plus importante quantitativement, puisqu'elle comporte dans l'édition de 1857 pas moins de 77 poèmes sur les 100 du recueil dans son ensemble, et 85 sur 126 dans l'édition de 1861.

Bien que ne comportant pas de sous-parties, on peut considérer qu'elle déploie une organisation en trois mouvements relativement distincts mais liés par une sorte de « fondu-enchaîné » thématique les uns avec les autres :
- les poèmes de l'Idéal (textes I à XXI) ;
- les poèmes du désir (textes XXII à LXIV) ;
- les poèmes du spleen (textes LXV à LXXXV).

Confortant et « compliquant » à la fois cet agencement tripartite, plusieurs cycles poétiques viennent s'insérer dans le mouvement d'ensemble et créer les lignes « diagonales » de cette « architecture secrète » dont parlait Barbey d'Aurevilly (voir Synthèse). On peut ainsi distinguer dans le groupe des poèmes du spleen trois sous-ensembles :
- les rêveries (textes LXV à LXXIII) ;
- les symptômes du spleen (LXXIV à LXXXI) ;
- l'emprise grandissante du « néant » (LXXXII à LXXXV).

Mais le plus remarquable de ces cycles, tripartite lui aussi, est celui des figures féminines qui habitent cette poésie du désir et de la souffrance, que l'on peut identifier comme :

– le cycle Jeanne Duval : « Parfum exotique », « La Chevelure », « Je t'adore... », « Sed non satiata », « Avec ses vêtements », « Le Serpent qui danse », « Une Charogne », « De Profundis clamavi », « Le Vampire », « Remords posthume », « Le Chat », « Le Possédé », « Un Fantôme », « Je te donne ces vers... », et peut-être « Chanson d'après-midi » ;

– le cycle Marie Daubrun : « Le Poison », « Ciel brouillé », « Le Beau navire », « l'Invitation au voyage », « l'Irréparable », « Chant d'automne », « Causerie » et « À une madone » ;

– le cycle Apollonie Sabatier : « Tout entière », « Que diras-tu ce soir... », « Le Flambeau vivant », « Réversibilité », « Confession », « L'Aube spirituelle », « Harmonie du soir », « Le Flacon », et sans doute « Semper eadem ».

COMMENTAIRE

« L'Albatros » (II) et « Élévation » (III)

Associés, à l'ouverture des *Fleurs du mal*, pour former une sorte de diptyque, ces deux poèmes sont d'un grand classicisme formel avec respectivement quatre et cinq quatrains d'alexandrins, à rimes alternée (*abab*) ou embrassées (*abba*). Tous deux disent, sous forme imagée et symbolique, la nature double du poète : grand oiseau fait pour l'altitude et l'« élévation », mais trop souvent contraint aux enlisements dans l'épaisseur du réel et de ses « miasmes morbides ».

« L'Albatros » ou les souffrances d'un « géant »

Construit de manière très simple, avec ses trois quatrains descriptifs suivis d'un quatrain qui explicite la dimension symbolique de la description, ce poème est l'un des plus célèbres des *Fleurs du mal*, en raison sans doute de cette simplicité même et de la transparence du message qu'il délivre.

Empruntant probablement l'image de l'oiseau confronté aux brimades des pêcheurs à ses souvenirs de voyage à l'île Maurice en 1841, Baudelaire esquisse ici la silhouette de « l'homo duplex » qu'il est, en tant qu'homme et créateur soumis aux injustices et vexations de la société. L'alternance, au fil des vers et strophes, de deux registres lexicaux et de deux champs sémantiques contraires atteste cette **dualité** fatale et douloureuse :

– le champ de la **liberté** et de la **souveraineté** : « vastes oiseaux », « rois de l'azur », « grandes ailes », « prince des nuées », « se rit de », « ailes de géant » ;

– le champ de la **soumission** et de l'**aliénation** : « déposés », « maladroits et honteux », « piteusement », « traîner », « gauche et veule », « boitant », « exilé », « empêchent de... »

Au terme des trois premiers quatrains descriptifs, dans le second hémistiche du vers 12, un **oxymore*** exprime brutalement le « choc » de ces deux champs contraires : « l'infirme qui volait ».

C'est donc bien sur le constat d'une contrariété et d'une contradiction fortes que s'ouvre le recueil : celles d'un poète fait pour un univers de grandeur et d'altitude inaccessible au commun des mortels (« les hommes d'équipage »), mais arraché, « souvent » (au début du vers 1), à cette solitude grandiose et souveraine dans un mouvement de chute (« au sol ») et d'impuissance d'autant plus insupportable que tout ce qui faisait alors sa force devient désormais un handicap risible et douloureux :

« Ses ailes de géant l'empêchent de marcher. »

« Élévation » ou l'espérance d'un arrachement

La continuité thématique, tout autant que formelle, est claire entre les poèmes II et III des *Fleurs du mal*. Si la figure symbolique de l'oiseau réapparaît en tant que telle (les « alouettes » du vers 17), le **lexique de l'envol** et de l'altitude continue surtout de structurer les vingt vers d'« Élévation » : « au-dessus de » et « par-delà » (repris en anaphores* dans le premier quatrain), « agilité », « envole-toi », « air supérieur », « aile vigoureuse », « s'élancer », « vers les cieux », « libre essor », « plane sur la vie »... Dans un mouvement contraire à celui de la « chute » de « L'Albatros », et en y ajoutant la dimension de la **profondeur** libératrice et purificatrice (second quatrain), « Élévation » semble ainsi tracer la courbe dynamique, voire euphorique, d'un être réussissant un arrachement libérateur et salvateur « loin » des réalités matérielles et des contingences sordides de l'existence (*cf.* la métaphore du vers 9 : « ces miasmes morbides »).

Cela dit, « Élévation » excède sensiblement la thématique de « L'Albatros » en imageant d'abord avec plus de précison et de subtilité les univers respectifs du « spleen » et de « l'idéal » qui apparaissent pour la première fois dans l'œuvre avec quelques-uns de leurs signes et symptômes de reconnaissance :

– le **spleen**, avec son horizon naturel de corruption et de dégénérescence (« miasmes »), son fardeau psychologique et émotionnel (« ennui », « chagrins ») et son décor encrassé (« l'existence brumeuse ») ;

– l'**idéal**, pôle de transparence et de lumière (« éthers », « onde », « air », « limpide », « lumineux »), de pureté (« purifier », « pure »), mais aussi d'un plaisir où le bonheur de l'esprit semble pouvoir coexister avec la satisfaction des sens (« gaiement », « mâle volupté », « heureux »).

Surtout, « Élévation » indique clairement, dans sa dernière strophe, que ce mouvement à la fois décrit, espéré et rêvé, s'il est celui d'un « esprit » et de ses « pensers » (v. 5 et 17), est bien le **mouvement même du langage** et de l'écriture poétique dont la dynamique permet l'élucidation des obstacles ou des opacités de l'existence. C'est bien elle, la poésie,

> « Qui plane sur la vie, et comprend sans effort
> Le langage des fleurs et des choses muettes ! »

À cet égard, tout autant que le pendant de « L'Albatros », « Élévation » est l'introduction du célèbre sonnet IV des *Fleurs du mal* : « Correspondances ».

« Correspondances » (IV)

Ce fameux sonnet, véritable charte théorique de la poétique des *Fleurs du mal*, trouve ici naturellement sa place dans l'ouverture du recueil. Aussi horribles que soient la nature, le monde et la société, Baudelaire y entrevoit la possibilité d'un salut en affirmant « l'universelle analogie ». Derrière la médiocrité, il y a une idéalité à conquérir ; « au-delà » des vexations et des souffrances, il y a un bonheur à espérer. La mission poétique consistera précisément à établir des liens, même fragiles, des « correspondances », même provisoires, entre ces deux faces de l'univers et du destin.

Cette « profession de foi » baudelairienne a diverses sources. Elle emprunte à l'idéalisme platonicien, aux exaltations mystiques de Poe* et d'Hoffmann*, aux inspirations philosophiques de Joseph de Maistre et de Charles Fourier. Elle doit beaucoup surtout au penseur suédois du XVIIIe siècle, Swedenborg*, qui avait proposé tout un système relationnel entre les réalités matérielles et le monde spirituel et supra-sensible. Comme ce dernier, Baudelaire affirme que « tout est hiéroglyphique » et donc « à déchiffrer ». Instrument de cette quête et de ce déchiffrement, le langage met ses vertus analytiques et combinatoires au service des intuitions de l'intelligence et des sens.

D'un principe général à son application

Dans la continuité d'« Élévation », la thèse centrale des « Correspondances » renvoie explicitement au « credo » que Baudelaire formulait en ces termes dans ses *Notes nouvelles sur Edgar Poe* : « C'est cet admirable, cet immortel instinct du beau qui nous fait considérer la terre et ses spectacles comme un aperçu, comme une correspondance du Ciel. La soif insatiable de tout ce qui est au-delà, et que révèle la vie, est la preuve la plus vivante de notre immortalité. C'est à la fois par la poésie et à travers la poésie, par et à travers la musique, que l'âme entrevoit les splendeurs situées derrière le tombeau ; et, quand un poème exquis amène les larmes au bord des yeux, ces larmes ne sont pas la preuve d'un excès de jouissance, elles sont bien plutôt le témoignage d'une mélancolie irritée, d'une postulation des nerfs, d'une nature exilée dans l'imparfait et qui voudrait s'emparer immédiatement, sur cette terre même, d'un paradis révélé. »

Dans l'illustration de cette thèse, le sonnet va se déployer selon le schéma d'une logique déductive :

– **premier quatrain :** énonciation du principe d'équivalence entre l'espace naturel et celui de « l'universelle analogie » (« une forêt de symboles »), supposant parcours, quête et déchiffrement ;

– **second quatrain :** énonciation du principe particulier des synesthésies* à l'intérieur du principe général de l'analogie ;

– **premier tercet :** illustration du principe des synesthésies et déploiement des correspondances « horizontales » ;

– **second tercet :** illustration du principe de la symbolique paradigmatique* et déploiement des correspondances « verticales ».

En réalité, le **tiret** à l'attaque du vers 11 marque, davantage que le blanc entre les deux tercets, un moment fort de continuité et, en même temps, de rupture dans l'agencement du sonnet : continuité, puisque ce signe typographique (qu'affectionne Baudelaire comme signe d'**alerte** pour son lecteur) assure le passage entre l'horizontalité et la verticalité des deux modes de correspondances ; rupture, puisqu'il désigne et souligne un net écart qualitatif et même, nous allons le voir, **ontologique** entre ces deux modes.

Deux types de « correspondances »

Il convient en effet de distinguer dans ce poème, et plus généralement dans tout le système des « correspondances » baudelairiennes, deux « axes » bien différents en nature et en pouvoir :

• **les correspondances horizontales :** elles consistent simplement en l'association, au sein des images et sur l'horizontalité grammaticale de la phrase et/ou métrique du vers, de réalités de natures comparables, mais éloignées dans le temps ou dans l'espace du quotidien. Elles sont un rapprochement harmonique d'êtres, d'objets ou de sensations dont les liens sont « obscurs » ou « oubliés » de celui qui ne sait pas voir et « se promène » sans posséder la vigilante intuition du poète.

Le meilleur exemple est celui des **synesthésies*** (v. 8-10), que Baudelaire définissait ainsi dans un article de 1861 : « Ce qui serait vraiment surprenant, c'est que le son ne pût pas suggérer la couleur, que les couleurs ne pussent pas donner l'idée d'une mélodie, et que le son et la couleur fussent impropres à traduire les idées ; les choses s'étant toujours exprimées par une analogie réciproque, depuis le jour où Dieu a proféré le monde comme une complexe et indivisible totalité. »

Les vers 9 et 10 du sonnet s'inscrivent parfaitement dans ce système « horizontal » avec trois correspondances successives :

l'**olfactif** et le **tactile** (« Il est des parfums frais comme des chairs d'enfants »), l'**olfactif** et l'**auditif** (« Doux comme le hautbois »), l'**olfactif** et le **visuel** (« Verts comme les prairies »).

• **les correspondances verticales :** comme très souvent dans *Les Fleurs du mal* (voir p. 40 le commentaire de « La Chevelure »), les correspondances horizontales servent de « tremplin » ou de prémices nécessaires à l'émergence et au déploiement des correspondances « verticales » qui viennent pour ainsi dire se greffer sur l'une ou l'autre d'entre elles. Autrement plus subtiles et essentielles, celles-ci sont chez Baudelaire l'aboutissement de sa réflexion sur les théories idéalistes de type platonicien ou swedenborgien. Désormais, il ne s'agit plus seulement de « rapprocher » des réalités séparées mais de « suggérer » au sein du réel l'idéal, de faire émaner de toute chose, fût-elle sordide (voir « Une Charogne »), son « essence ».

Si les correspondances « horizontales » pouvaient se schématiser comme l'association, sur une abscisse, de $A \cap B \cap C \cap D$, les « verticales » devraient s'illustrer, sur l'ordonnée d'un même schéma, comme l'extraction de A' à partir de A, de B' à partir de B, etc. Dans ce second système, la nature visible renvoie secrètement à son idéalité invisible et indivisible, la matière à sa surréalité obscure, le fini à l'infini transcendant. C'est tout le mouvement du dernier tercet où, partant de la finitude sensorielle du parfum, le poème « explose » vers « l'expansion des choses infinies » et « les transports de l'esprit et des sens ».

On voit ainsi comment dans ce seul sonnet une même réalité, le parfum, a successivement donné lieu, dans le tissu des images poétiques, à des rapprochements harmoniques d'abord horizontaux avec les autres sens, puis à une « élévation » verticale libératrice vers ce qui n'est plus de l'ordre du matériel et du sensoriel, mais qui est l'idéal cathartique et salvateur.

Figures stylistiques des correspondances

Le système relationnel des correspondances suppose évidemment le recours aux tropes ou aux figures capables d'installer le plus efficacement possible dans la trame du poème ces effets recherchés. On trouvera donc naturellement ici les trois figures d'image dont les pouvoirs combinatoires sont les plus explicites :

– **la métaphore :** « La Nature est un temple » (v. 1), « des forêts de symboles » (v. 3), « les transports de l'esprit » (v. 14) ;

– **la comparaison :** « comme de longs échos... » (v. 5), « comme des chairs d'enfants » (v. 9), « Doux comme les hautbois » (v. 10), etc. ;

– **l'oxymore***, ou plus exactement, l'accouplement oxymorique de deux hémistiches comparatifs :

« Vaste comme la *nuit* et comme la *clarté*... »

Théorique, le sonnet IV des *Fleurs du mal* ne se contente donc pas d'énoncer des principes généraux d'ordre esthétique ou philosophique ; il fonctionne aussi comme une sorte d'**art poétique** mettant concrètement en œuvre les moyens d'expression en rapport avec les principes énoncés.

« L'Ennemi »(X), « Le Guignon »(XI), « La Vie antérieure » (XII)

Ces trois sonnets (rédigés entre 1852 et 1855) constituent, sous forme d'un triptyque, un mini-cycle où Baudelaire exprime à la fois sa conscience malheureuse du temps et sa démarche de créateur pour essayer de surmonter ce « fardeau » aliénant et destructeur.

« L'Ennemi » ou le Temps mangeur d'hommes

Paru en 1855 dans *La Revue des Deux-Mondes*, ce sonnet emprunte d'abord à la thématique romantique de la fuite implacable du temps et à ses métaphores naturelles :

« Ma jeunesse ne fut qu'un ténébreux orage... »
« Voilà que j'ai touché l'automne des idées... »

Mais il s'inscrit aussi de manière beaucoup plus originale dans l'itinéraire des *Fleurs du mal*, en faisant explicitement référence, au vers 9, à la thématique et à la poétique du recueil :

« Et qui sait si *les fleurs nouvelles* que je rêve... »

Si le Temps (Baudelaire usera presque toujours de la majuscule pour l'évoquer dans son livre) est « l'ennemi » naturel de l'être humain qu'il emporte dans son flux destructeur, s'il est la puissance maudite qui « vampirise » les substances vitales de cet être (second tercet), il apparaît surtout comme l'obstacle majeur à la démarche du poète en quête d'Idéal. À celui qui rêve d'« élévation » et d'exaltation, il oppose les embûches des « terres inondées » (v. 7) où l'enlisement et « l'enterrement » menacent, et mine véritablement le sol de l'existence qu'il ronge de ses ornières « Où l'eau creuse des trous grands comme des tombeaux » (v. 8).

Le poème « L'Horloge », qui clôt précisément la section « Spleen et Idéal », reprendra cette thématique de la fatalité implacable du Temps mangeur d'hommes et dévoreur d'énergie :

« Le jour décroît ; la nuit augmente, *souviens-toi* !
Le gouffre a toujours soif ; la clepsydre se vide. »

De la même façon, le cinquième des *Petits Poèmes en prose*, intitulé « La Chambre double », redira la souffrance, la « douleur » que la conscience même de cette tyrannie génère : « Oh ! oui ! le Temps a reparu ; le Temps règne en souverain maintenant, et avec le hideux vieillard est revenu tout son démoniaque cortège de Souvenirs, de Regrets, de Spasmes, de Peurs, d'Angoisses, de Cauchemars, de Colères et de Névroses. »

Toutefois, l'**épreuve** douloureuse (physiquement et moralement) du temps corrupteur apparaît bien ici déjà comme éminemment paradoxale : épreuve de la faillite et de la mort annoncée, mais épreuve aussi de la lutte et de la **résistance** possible à la fatalité mortelle, comme si, à travers le supplice du temps, s'esquissait le chemin d'une **reconquête** salvatrive et purificatrice :

« Et qui sait si les fleurs nouvelles que je rêve
Trouveront dans ce sol lavé comme une grève
Le mystique aliment qui ferait leur vigueur ? »

Entre la « terre » corruptrice de la tombe et le « terreau » nourricier, il y a cette volonté poétique de transformer la mémoire en une force de renaissance et de salut. On comprend mieux pourquoi, lors du procès de 1857, Charles Asselineau avait pu dire de ce sonnet qu'il était « à lui seul la clef et la moralité du livre ».

« Le Guignon » ou le dur labeur de l'Art

Tout ou presque, dans ce sonnet en octosyllabes, est emprunté. Le thème d'abord, qui reprend le mythe antique de Sisyphe, condamné aux Enfers à rouler une lourde pierre qui retombe sitôt hissée ; les quatrains, adaptés de « A Psalm of life » du poète américain Henry Longfellow (1807-1882) : « Art is long and time is fleeting... » ; les tercets, adaptés d'une strophe d'une *Elegy* de l'Anglais Thomas Gray (1716-1771) ; sans compter l'emprunt des vers 1 et 2 à Gautier* ou celui du vers 4 à Pétrus Borel*...

En dépit de cet horizon d'inspiration diverse, Baudelaire a su pourtant faire de ce texte un des poèmes les plus emblématiques de sa **condition d'artiste** et de créateur. La continuité avec « L'Ennemi » est thématiquement assurée par la présence d'objets (« pelles » et « rateaux » dans le sonnet précédent ; « sondes » et « pioches » ici) qui désignent l'activité créatrice comme un labeur pénible (« le guignon »), comme un travail sans fin dont la pénibilité même et l'interminable « longueur » sont la seule réponse possible à l'activité destructrice du temps.

Psalmodié sur un rythme qui mime celui des « marches funèbres » qu'il raconte (v. 7-8), le sonnet pose de manière têtue et insistante (« Loin », « Vers ») les panneaux indicateurs du sens de la démarche du quêteur de « joyau » et de « fleur », appelé de nouveau à transformer, par sa besogne solitaire et salutaire à la fois, la terre macabre du « cimetière isolé » (v. 6) en terreau fécond et généreux.

« La vie antérieure » ou la vie intérieure ?

Ce sonnet XII est un des textes où l'écriture des *Fleurs du mal*, dans son travail de reconquête sur le temps, s'approche le plus près et le plus durablement de l'état d'idéalité que Baudelaire décrivait ailleurs en ces termes : « Il est des jours où l'homme se réveille avec un génie jeune et vigoureux. Ses paupières à peine déchargées du sommeil qui les scellait, le monde extérieur s'offre à lui avec un relief puissant, une netteté de contours, une richesse de couleurs admirables. Le monde moral ouvre ses vastes perspectives pleines de clartés nouvelles [...]. État exceptionnel de l'esprit et des sens, que je puis sans exagération appeler paradisiaque, si je le compare aux lourdes ténèbres de l'existence commune et journalière. »

• **Premier quatrain :** il s'ouvre sur un « J' » qui, avec le « mes yeux » du v. 8, forme une sorte de parenthèse du regard baudelairien dans laquelle va s'inscrire, se décrire, puis résonner une somptueuse **marine poétique**. On notera, avant de la parcourir, que le groupe verbal « J'ai longtemps habité » suggère simultanément la durée et le passé révolu de cette vie qualifiée par le titre d'« antérieure ».

Quatre éléments structurent et colorent cette marine :

– « vastes portiques » (v. 1) : comme le « balcon » (voir p. 43), le « portique », dont Baudelaire emprunte ici le motif à l'architecture grecque (en l'associant au décor radieux de la Méditerranée), est l'un de ces lieux idéaux de l'imaginaire du poète, combinant à la fois l'ouverture et la clôture, l'intimité et la liberté ;

– « soleils marins » (v. 2) : l'eau et le feu se conjuguent (c'est le sens du verbe « teindre », au même vers) pour l'élaboration à la fois plastique et cathartique du décor ;

– « grands pilliers » (v. 3) et « grottes basaltiques » (v. 4) : associés par le comparatif « rendaient pareils », ces deux nouveaux motifs architecturaux et naturels développent le schème du « portique » et insistent sur la convergence, ou mieux la « correspondance », des éléments masculins (pilier) et féminins (grotte) du décor ;

– « le soir », enfin, détaché à la césure du vers 4, apporte une notation temporelle (plus tout à fait le jour mais pas encore la nuit) en parfaite harmonie avec tous les éléments de l'espace et du décor (ouvert/fermé, eau/feu, féminin/masculin).

• **Second quatrain :** autant le premier quatrain était visuel, autant le second est auditif et musical, tout empreint d'un riche jeu d'assonances et d'accords dominés par la récurrence de la diphtongue longue et puissante *ou* (h*ou*les, r*ou*lant, c*ou*leurs, c*ou*chant...). La musique assure ici la dynamique à la fois de la vision et du poème, tous deux empreints d'une exaltation quasi mystique (v. 6).

Une fois encore, le thème du quatrain est ici celui des **correspondances** qui assurent l'unité et le bonheur de ce paysage idéal :

– correspondance du ciel et de la mer (v. 5) ;

– correspondance de la musique et de la couleur (v. 7-8) ;

– correspondance enfin et surtout du paysage tout entier et du regard qui l'embrasse comme dans un reflet (v. 8).

• **Premier tercet :** reprenant de manière anaphorique* (« C'est là que j'ai vécu... ») le thème du passé bien réel mais révolu, ce tercet décrit l'attitude du poète dans ce décor « idéal ». Si l'on peut penser, par anticipation, à celle d'un Gauguin à

Tahiti, on sera surtout attentif à ce qu'a d'éminemment baudelairien cette « situation » du narrateur :

– les « voluptés calmes » du vers 9 (oxymore que l'on retrouvera dans le refrain de « L'Invitation au voyage », voir p. 57), déterminent un état passionnel euphorique mais en même temps apaisé ;

– « au milieu de », à l'attaque du vers 10, précise une situation d'équilibre et de maîtrise en contraste avec les positions de soumission, de marginalité ou d'aliénation que nous avons déjà rencontrées ;

– enfin les « esclaves nus » du vers 11, s'ils ne nous surprennent pas par leur « imprégnation » d'odeurs, si chère à ce chantre des parfums qu'est Baudelaire (voir p. 38), sont surtout remarquables par leur masculinité. « Esclaves » confirme le thème de la maîtrise, mais « nus », adjectif masculin pluriel, laisse entendre que la femme (naturelle et corruptrice) est sans doute absente de ce monde d'idéalité.

• **Second tercet :** insidieusement pourtant, une faille s'est glissée dans le poème, dans la description du geste même des esclaves « rafraîchissant » leur maître (v. 12). Quelle mauvaise moiteur, quelle mauvaise sueur le menace donc qui nécessite cette attitude dans ce décor sublime ? La réponse, sous forme d'énigme, ne viendra qu'au dernier vers avec l'évocation de ce « secret douloureux qui me faisait languir ». Même dans l'espace le plus épuré, le décor le plus somptueux, la vie la plus apaisée, le spleen est là à l'œuvre, qui ronge et fait souffrir. Si ce n'est encore qu'une « langueur », c'est déjà pourtant une « douleur », plus peut-être une « terreur » que la beauté des éléments et la sérénité du moment ne peuvent suffire à masquer.

Le titre du poème prend alors, par sa chute, tout son sens. Il n'est d'idéalité qu'« antérieure », il n'est de bonheur que par la reconquête de la mémoire sur le temps, que par les mots et les images qui la portent. Vie antérieure donc, mais surtout vie « intérieure » puisqu'aussi bien c'est au tréfonds de l'âme que le poète va se ressourcer à ce paysage originel (entrevu naguère aux îles en 1841) qu'il peut opposer, le temps d'un fragile sonnet, aux laideurs du quotidien.

« La Beauté » (XVII), « Hymne à la Beauté » (XXI)

Le premier mouvement de « Spleen et idéal » s'achève, après le cycle du temps, par celui de la Beauté, composé des poèmes XVII à XXI : « La Beauté », « L'Idéal », « La Géante », « Le Masque » et « Hymne à la Beauté ». Hésitant entre plusieurs tentations esthétiques (la beauté formelle, la beauté « frénétique », la beauté baroque, etc.), Baudelaire semble s'essayer successivement à plusieurs « manières » qui renvoient chacune à des pratiques ou convictions que son regard de critique d'art et de critique littéraire a su reconnaître, aimer ou détester dans les œuvres picturales ou littéraires de sa génération. Ce faisant, il progresse lui-même sur le chemin de l'invention d'une beauté « moderne » dont son « Hymne à la Beauté » peut être considéré comme le poème-manifeste.

« La Beauté » ou la tentation de l'art pour l'art

L'admiration portée par l'auteur des *Fleurs du mal* à Hugo et à quelques autres grands poètes romantiques (Sainte-Beuve* notamment) n'allait pas sans une défiance à l'égard des excès rhétoriques ou des facilités esthétiques du romantisme en général (voir Introduction, pp. 13-14). Même chez Hugo, Baudelaire supportait mal une emphase et des licences qui lui paraissaient outrepasser parfois les frontières de l'art véritable. Cette réaction de défiance devait tout naturellement conduire le jeune poète à fréquenter, jusqu'au début des années 1850 tout au moins, les amis de Théophile Gautier et les milieux « formistes » qui prétendaient précisément mettre un terme au laxisme esthétique du romantisme de 1830.

Quand Théodore de Banville*, l'un des ténors de la tendance de l'« **art pour l'art** », publie en 1842 ses *Cariatides*, qui incarnent un retour à la gratuité de l'art et aux canons d'une Beauté « absolue et éternelle », Baudelaire salue son recueil avec enthousiasme. Même si cet engouement pour une esthétique dont les maîtres-mots redeviendraient la plastique, la perfection formelle et la virtuosité technique ne durera pas, il a du moins marqué l'écriture de plusieurs poèmes des *Fleurs du mal* dont les deux sonnets « Avec ses vêtements ondoyants et nacrés... » (XXVII) et « La Beauté ».

Ce dernier poème, publié pour la première fois en 1857 (année où Gautier publie aussi son célèbre poème-manifeste « L'Art »), mais probablement rédigé durant la jeunesse de l'auteur, pourrait à bon droit figurer dans une anthologie de la poésie plastique et « parnassienne »* dont on retrouve ici les concepts-clés :

– coïncidence affichée de l'Idéal esthétique avec l'idée d'**éternité** (l'adjectif « éternel » revient deux fois, à l'attaque du vers 4 et à la chute finale du vers 14 où il rime avec « belles ») ;

– coïncidence encore de cette Beauté canonique avec l'idée d'**immobilité**, au sens où la perfection de l'œuvre s'énonce comme sa capacité à s'objectiver formellement dans une « matière » (v. 4), « pierre » (v. 1) ou « monument » (v. 10), préservée des mouvements de l'espace-temps : « Je hais le mouvement qui déplace les lignes » (v. 7) ;

– coïncidence affirmée enfin entre la création poétique et un **travail**, un **métier**, dont la qualité se mesure à la pénibilité (v. 2) et à la patience formelle et méthodique (v. 12).

Quand on connait, partout ailleurs dans les *Fleurs du mal*, le goût de Baudelaire pour une esthétique du mouvement et sa méfiance devant la **sculpture** (qui ici, comme souvent dans les poèmes formistes ou parnassiens sert à métaphoriser la démarche esthétique idéale), on peut conclure de ce sonnet XVII qu'il ne figure là qu'au titre de la **tentation**, à méditer et surmonter, comme l'est pareillement, dans l'ouverture du sonnet suivant (« L'Idéal »), celle des « beautés » factices à la mode :

> « Ce ne seront jamais ces beautés de vignettes,
> Produits avariés, nés d'un siècle vaurien,
> Ces pieds à brodequins, ces doigts à castagnettes,
> Qui sauront satisfaire un cœur comme le mien. » (XVIII)

« Hymne à la Beauté », vers le Beau « moderne »

Ce poème à forme fixe (sept quatrains d'alexandrins), vient juste après les vers démystificateurs du « Masque » (XX) où Baudelaire, commentant précisément une sculpture de Christophe (1827-1892) installée au jardin des Tuileries, en souligne toute l'émouvante **duplicité** (la vie « frémissante » derrière le « décor suborneur » et les « mensonges » du beau marbre). Interrogeant et interpellant à la fois, dans un « Hymne » à la ponctuation particulièrement forte, celle qui ne dit plus « Je » du haut de sa splendeur hautaine, le poète, dès le premier distique, énonce l'hypothèse d'une Beauté foncièrement **duelle** :

> « Viens-tu du ciel profond ou sors-tu de l'abîme,
> Ô Beauté ? ton regard, infernal et divin... »

La suite du poème va ainsi décliner les attributs – contraires mais complémentaires – d'un Idéal esthétique où le « bienfait » coexiste avec le « crime », « le couchant » avec « l'aurore », le « noir » avec les « astres », « la joie » avec « les désastres », les « bijoux » avec les « breloques », « l'amoureux » avec le « moribond » et le « ciel » avec l'« enfer ». Si ces images et allégories (où la beauté a le visage de la femme et l'art celui de l'amour) empruntent parfois leurs motifs et leurs effets aux audaces volontiers provocatrices et iconoclastes du romantisme « frénétique » qu'aimait Baudelaire (notamment aux vers 13-16), on y lira surtout l'illutration de ce « rouge idéal » qu'ambitionnait le sonnet XIX. Cette expression à connotation oxymorique*, où l'idéalité canonique voisinait avec une épaisseur vivante, sensuelle et charnelle, se trouve ici confirmée dans la silhouette également complexe et complète d'une Beauté à la fois femme et statue, aimante et criminelle, satanique ou divine, « Ange ou sirène » (v. 25). Autrement dit dans une figure essentiellement **combinatoire** de ces pôles contraires qui font la structure double et déchirée du monde « moderne » tel que le vit Baudelaire. On comprend d'ailleurs mieux la place importante que tient un tel « Hymne » dans l'esthétique des *Fleurs du mal* quand on en rapproche les mots ou rythmes de ceux qu'utilisera l'écrivain en 1863, à propos de Constantin Guys*, dans son essai critique intitulé *Le Peintre de la vie moderne* : « Ainsi il va, il court, il cherche. Que cherche-t-il ? À coup sûr, cet homme, tel que je l'ai dépeint, ce solitaire doué d'une imagination active, toujours voyageant à travers “le grand désert d'hommes”, a un but plus élevé que celui d'un pur flâneur, un but plus général, autre que le plaisir fugitif de la circonstance. Il cherche ce quelque chose qu'on nous permettra d'appeler la “modernité” ; car il ne se présente pas de meilleur mot pour exprimer l'idée en question. Il s'agit, pour lui, de dégager de la mode ce qu'elle peut contenir de poétique dans l'historique, de tirer l'éternel du transitoire. [...] La modernité, c'est le transitoire, le fugitif, le contingent, la moitié de l'art, dont l'autre moitié est l'éternel et l'immuable. »

Ni « rêve de pierre » figé dans la pose d'une fausse éternité, ni « beauté de vignettes » compromise dans le factice « éphémère » (v. 17) des apparences contingentes, la Beauté que chante le texte XXI est bien celle d'une plénitude imaginée comme une **synthèse** des tentations et des fatalités contraires, capable de rendre « l'univers moins hideux et les instants moins lourds » (v. 28).

« Parfum exotique » (XXII)

« Rythme, parfum, lueur, ô mon unique reine ! », chantait déjà l'avant-dernier vers de l'« Hymne à la Beauté ». C'est que, dans « Spleen et idéal » dont s'ouvre ici le deuxième mouvement consacré au désir, « la beauté a un parfum de femme », comme l'écrit joliment Yves Charnet. Le très régulier sonnet XXII, « Parfum exotique », inaugure ainsi à la fois la partie du recueil où le poète se met en quête, à travers les figures féminines, de son idéal et le cycle particulier des textes inspirés par la première de ces « reines » : Jeanne Duval, la compagne capricieuse de toute une vie, la brune métisse au teint cuivré, aux grands yeux bruns et à la « crinière » de longs cheveux ondulés, d'un noir bleu fascinant. Voguant sur son corps dont le parfum lui rouvre les horizons splendides du voyage aux îles, le poète, muni désormais de l'instrument miraculeux des « correspondances », réussit à accéder, le temps du sonnet, à un univers qui paraît à l'abri des corruptions du monde quotidien.

Exotisme et érotisme

Les deux quatrains de ce sonnet, parfaitement régulier dans sa forme et son schéma de rimes, ne constituent qu'une seule longue phrase dont le déploiement « paresseux » est à peine scandé par les deux points virgules des vers 4 et 6. Inspiré directement par le système des correspondances, associant ici le registre olfactif à celui du visuel (« Quand [...] Je respire [...] Je vois [...] »), le poème installe d'emblée le sujet narrateur dans une sorte de béatitude de la vision intérieure (« les deux yeux fermés »). Cette vision intérieure est enracinée dans une situation amoureuse charnellement suggérée (« l'odeur de ton sein chaleureux »). Mais elle est aussitôt exaltée en une rêverie où exotisme rime avec érotisme. L'« île » du vers 5, si elle renvoie bien au souvenir du voyage de 1841(avec ses « arbres singuliers » et ses « fruits savoureux »), métaphorise surtout l'espace préservé du sujet amoureux, replié dans le cercle de son imaginaire où les corps de créatures de rêve (en tous les sens du terme, v. 7-8) se promènent dans la lumière incertaine (vers 1 et 4) d'un érotisme diffus. Du possessif singulier (« *ton* sein ») au pluriel indéterminé (« *des* hommes... *des* femmes »), la vision s'enfle, comme une « respiration », pour se faire spectacle d'un Eden onirique aussi apaisé qu'anonyme.

Répétition et extase

Les deux tercets, formant encore plus nettement une seule phrase, répètent explicitement (avec l'anaphore* de « Je vois » au vers 10) ce mouvement euphorisant des quatrains. Alors que la présence de Jeanne s'était dissoute dans le collectif indéterminé du paradis insulaire, c'est la même matérialité sensuelle de son parfum (« ton odeur ») qui relance la dynamique de la rêverie et de l'écriture en réitérant le processus des correspondances entre l'olfactif et le visuel (v. 9-10). Si l'image d'« un port » cette fois (v. 10) succède à celle d'« une île » (v. 5), le même engourdissement bienheureux (que nous retrouverons dans l'endormissement de la fin de « L'Invitation au voyage », voir p. 57) réapparaît sous les traits de la songerie avec l'écho thématique entre « fatigués » (v. 11) et « paresseuse » (v. 5).

Toutefois, cette envoûtante répétition des mots, des mouvements et des situations, esquisse dans l'ultime tercet une trajectoire, ou plutôt une inflexion riche de sens. On remarquera d'abord l'apparition d'un nouveau réseau de correspondances, entre olfactif et auditif par les associations lexicales (le « parfum », le « chant »), comme entre visuel et auditif par l'extrême richesse de la rime : « verts tamariniers »/ « chant des mariniers ». Mais l'innovation de ces derniers vers tient surtout à l'énonciation du lieu où s'opère désormais cette « magie », cette « sorcellerie évocatoire » des parfums, des sons et des couleurs : « dans mon âme ». Voilà bien l'aveu essentiel qui explique et justifie rétrospectivement ce voyage immobile du sonnet : de « **ton** sein » à « **mon** âme », Baudelaire a parcouru le chemin poétique qui conduit du souvenir de l'intimité vécue du duo amoureux, au présent duratif (« se mêle ») de l'**extase narcissique** d'un monde d'images et de sensations habité par lui seul.

Généré par le corps de Jeanne et sa sensualité, l'idéal voluptueux auquel accède dans « Parfum exotique » le poète est aussi fait de l'oubli et de l'absence de celle dont la présence matérielle, d'abord métonymique* (« ton sein », « ton odeur »), finit, comme un parfum « dans l'air » (v. 13), par ne plus survivre qu'à l'état de trace ou de virtualité.

« La Chevelure » (XXIII)

Plus ample dans son développement que « Parfum exotique », « La Chevelure », avec ses sept quintils d'alexandrins, reprend très largement la thématique et la « mécanique » combinatoire que nous avons vues à l'œuvre dans le sonnet. Nés du corps-prétexte de Jeanne, un objet en appelle un autre, une sensation en suscite une autre, un souvenir en entraîne un autre et, dans le flux des mots et des vers, la rêverie s'éveille, s'étend et se dilate. De correspondances horizontales « élémentaires » en correspondances verticales audacieuses ou subtiles, le poème pose patiemment et méthodiquement les jalons sur la voie de la délivrance et de l'extase. Au fil des comparaisons et des métaphores, le réel se sublime, la nature s'exorcise et un infini bonheur semble s'épanouir.

Mais à cette dynamique « La Chevelure » ajoute, dans ses trois derniers quintils, un constat moins euphorique qu'énonce discrètement son doublet en prose du *Spleen de Paris* (paru en août 1857 sous le titre « Un Hémisphère dans une chevelure ») : si la nature a ses clôtures sordides que l'art peut faire éclater, l'évasion poétique a aussi ses limites. Elles tiennent à la fragilité même des constructions de l'imaginaire. Le poète et l'amant connaissent bien ces limites. Ils ont tous deux rêvé dans le corps de la femme un univers de plaisir, de beauté et de perfection ; ils ont appris aussi qu'un seul caprice de cette partenaire indispensable peut ruiner ce monde de rêve et d'idéal.

La chevelure, d'un fragment à une totalité

Fragment du corps de Jeanne Duval, objet fétiche qui, comme le « sein » du sonnet précédent, dispense de la présence entière de l'être aimé, la chevelure s'inscrit dès le départ dans le texte sur le mode **métonymique*** (« ô toison », « ô boucles », « fortes tresses », etc.). Mais face à sa présence partielle et fragmentaire, cet objet à la forme stylisée se présente aussi comme le point de genèse de tout un **volume sensoriel** qui se construit au fil des strophes :

– sa dominante en est **olfactive**, comme souvent dans les *Fleurs du mal* : « ô parfum », « aromatique », « ton parfum », « le parfum », « loisir embaumé », « senteurs confondues » ;

– mais un registre **visuel**, contrasté et travaillé, le prolonge par des associations de nature oxymorique, comme dans « mer d'ébène » (v. 14) et surtout dans la belle inversion chromatique des vers 22 et 26 : « noir océan » et « cheveux bleus » ;

– enfin, si l'horizon **auditif** est assuré par la comparaison du vers 9 (« Comme d'autres esprits voguent sur la musique »), on notera le superbe effet **tactile** du vers 28 :

« Sur les bords duvetés de vos mèches tordues. »

Si le vers 17, c'est à dire le vers qui constitue l'axe médian du poème, exprime la plénitude de ce volume sensoriel (« À grands flots le parfum, le son et la couleur »), les **champs lexicaux** majeurs du texte « enflent » encore ce volume en l'extrapolant à la dimension des grands « règnes » :

– celui de l'**animalité** : « toison », « encolure », « crinière » ;

– celui du **végétal** : « forêt aromatique », « arbre », « sève », « ébène », « huile de coco » ;

– celui de l'**aquatique** : « voguent », « nage », « voile », « rameurs », « mâts », « port », « vaisseaux », « plongerai », « océan » ;

– enfin celui de l'**aérien** et du **cosmique** : « dans l'air », « ciel pur », « éternelle chaleur », « azur du ciel ».

On appréciera par ailleurs l'efficacité des **métaphores** dans l'accouplement de termes empruntés à ces lexiques variés (l'animal et l'aquatique dans « moutonnant jusque sur l'encolure », ou l'aquatique et le végétal dans « mer d'ébène »), ainsi que celle des **assonances** (avec un primat sensible accordé aux diphtongues nasalisées *on/an/ou/un*) qui contribuent, tout autant que les rimes, à créer une sorte de « camaïeux » ou de fondu-enchaîné phonétique.

L'espace sublimé...

D'un fragment à une totalité, « La Chevelure » propose donc un itinéraire qui est d'abord celui d'un **dépaysement** spatial, comme dans le sonnet XXII, vers les horizons pittoresques ou exotiques que génère le corps de Jeanne, lui-même paysage torride, capiteux et luxuriant. Cet itinéraire, qui conduit de l'espace clos de « l'alcôve obscure » (v. 3) à l'horizon illimité de « l'azur du ciel immense et rond » (v. 27), emprunte, une fois encore, les chemins des « Correspondances ».

Dans l'étude de ce sonnet théorique nous suggérions déjà que les **correspondances horizontales** (appelons-les **C.H.**) devaient jouer dans la trame de l'écriture poétique le rôle de « propédeutique » nécessaire ou d'horizon d'apparition, d'« élévation », pour les **correspondances verticales (C.V.)**. « La Chevelure », dans ses troisième et quatrième quintils, propose un bel et spectaculaire enchaînement, à double détente en quelque sorte, de cette dynamique : après avoir posé le principe d'équivalence entre réalités séparées (C.H.), celle-ci fait éclore dans le tissu métaphorique les élans oniriques ou mystiques par lesquels le poète accède à l'espace sublimé de pureté et de liberté auquel il aspire.

Un schéma à deux paliers peut ainsi décrire le mécanisme de déploiement et de **mise en abyme** de ces correspondances où l'on reconnaîtra de surcroît en C.H.2 un réseau de type synesthésique* :

C.V.2 : « la gloire / D'un ciel pur où frémit l'éternelle chaleur »

↑

C.H.2 : (Ce rêve « contient ») « le parfum, le son et la couleur »

↑

C.V.1 : « Un éblouissant rêve »

↑

C.H.1 : « Fortes tresses, soyez la houle qui m'enlève ! »

... et le temps menaçant

Voyage dans l'espace, réel ou imaginaire, « La Chevelure » – sa longueur même l'atteste – est aussi un voyage au fil du temps qui s'achève précisément sur la métaphore ambiguë du « vin du souvenir ». L'analyse du système temporel, riche et complexe, du poème révèle ainsi – sous l'itinéraire fastueux des images – un second tracé susceptible de menacer le bel ordonnancement du premier tracé.

Si le texte s'ouvre sur un **présent de décision** résolue (« ce soir [...] je la veux agiter », vers 3-5) et se prolonge, dans le deuxième quintil, par un **présent de constatation** (« Tout un monde vit [...] le mien [...] nage »), les trois strophes suivantes sont encore sous le signe d'un **futur de certitude** (« J'irai là-bas [...] Je plongerai ma tête [...] Saura vous retrouver [...] ») relayé, au vers 13, par l'**impératif catégorique** : « Soyez la houle [...] » À l'intérieur de cet espace donné pour certain, les verbes au présent de l'indicatif, flanqués d'**adverbes duratifs** ou intensifs, assurent la dilatation du temps de la jouissance amoureuse : « se pâment lentement » (v. 12), « ouvrent leurs vastes bras » (v. 19), « que le roulis caresse » (v. 23), « je m'enivre ardemment » (v. 29).

Mais une **rupture** forte intervient dans cette chronologie du poème entre les deux derniers quintils, soulignée notamment par le changement de ponctuation forte entre le mode **exclamatif** (de l'envol ou de l'extase) et le mode **interrogatif** (du doute et de l'incertitude). L'ultime question (v. 35) du dernier distique, plus angoissée qu'il n'y paraît (et si jamais tu n'étais pas, tu n'étais plus « la gourde / Où je hume à longs traits le vin du souvenir » ?), est en effet préparée par un **futur** qui a valeur cette fois de prospective incertaine (« Sèmera ») et par un **subjonctif** plus « suppliant » que rassuré :

« Afin qu'à mon désir tu ne sois jamais sourde ! »

Là où « Parfum exotique » se repliait dans une parfaite béatitude narcissique, « La Chevelure » se referme sur l'hypothèse d'un **désir contrarié** ou frustré. De la même façon, la prose d'« Un Hémisphère dans une chevelure » s'abandonnait, dans son dernier paragraphe où la métaphore de l'absorption de la mémoire remplace celle de la boisson, à l'évocation d'un futur rendu incertain par l'hypothèse d'une femme capable d'opposer la menace d'un « jamais » à l'utopie du « longtemps » entretenue par le narrateur : « Laisse-moi mordre longtemps tes tresses lourdes et noires. Quand je mordille tes cheveux élastiques et rebelles, il me semble que je mange des souvenirs. »

« Le Balcon » (XXXVI)

Paru en 1857, écrit à un moment difficile de la vie de Baudelaire, quand Jeanne Duval exigeait une rupture définitive, « Le Balcon » compte parmi les plus beaux poèmes des *Fleurs du mal*, avec sa forme très élégante de six quintils dont on notera la structure particulièrement musicale (embrassement d'un tercet central rimé *a-b-a* par un vers unique répété en écho).

Ce poème offre de la femme baudelairienne un portrait discret mais complet qui, par son intensité et sa variété, est un véritable miroir de l'être fuyant et étrange qui règne sur cette poésie. Mère, maîtresse ou sœur, Apollonie Sabatier, Jeanne Duval et peut-être Marie Daubrun, les profils, les noms et en tout cas les rôles des femmes de la vie de Baudelaire se mêlent et se confondent dans un superbe ballet de souvenirs amoureux. Sur la toile de fond changeante de l'idéal et du spleen, les silhouettes féminines, multiples dans leur unité même, glissent au fil des mots comme au fil de la mémoire pour cette quête du bonheur qui est aussi une quête du temps perdu.

La « mère » et la « maîtresse »

Dès le premier distique du premier quintil, qui déploie au fil de ses quatre hémistiches un superbe **chiasme** (« mère »- « maîtresse », « plaisirs »- « devoirs »), et malgré l'interpellation anaphorique* d'un « Toi » qui laisserait supposer une identité derrière ce pronom anonyme, il est clair que c'est bien davantage **la** femme qu'**une** femme qui est ici convoquée dans sa dualité fondamentale. Les deux vers mêlent subtilement en effet les visages interchangeables de la maîtresse (Jeanne Duval), femme du corps et des « plaisirs », et de la mère (peut-être déjà Apollonie Sabatier dont le cycle commence dans les poèmes suivants, voir p. 48), femme de l'âme et des « devoirs ».

Sur le mode ambigu d'un futur d'injonction ou de supplique (« Tu te rappelleras », v. 3) qui s'apparente à celui de la fin de « La Chevelure », le poète énonce sa **nostalgie d'un passé** commun avec cette interlocutrice, mais aboli ou du moins éloigné, qu'il faudra reconquérir par la mémoire et le verbe poétique. De quoi sont faits les « souvenirs » de ce passé ? Comme leur inspiratrice, ils sont eux-mêmes duels, mélangeant les « caresses » du corps et la tendresse des cœurs. Mais plus que de gestes, ils sont surtout faits d'une exceptionnelle qualité d'**atmosphère** où se mêlent les deux motifs privilégiés de l'amour baudelairien heureux (v. 4) : le foyer, au sens propre ou figuré, suggérant dans les deux cas un espace d'intimité chaleureuse et protégée, et le soir, moment délectable par excellence pour qui se méfie des « trop claires » évidences du jour comme des « noirceurs » angoissantes de la nuit. Comme à la fin de chaque quintil, le vers 5 reprend, sous la forme d'un **refrain** mélodique et presque **incantatoire**, la première invocation à l'hôte de ces souvenirs, assurant à la strophe une stucture quasi circulaire où viennent se bercer les anneaux enlacés de la mémoire.

« Au balcon » des souvenirs

Le deuxième quintil s'ouvre, lui aussi, par un superbe chiasme mêlant les motifs de l'ombre et de la lumière, de l'inertie et de la chaleur :

« Les soirs / illuminés / par l'ardeur / du charbon »
A B B A

Cette idéalité du décor et de l'atmosphère remémorés s'épanouit pleinement dans le vers suivant :

« Et les soirs au balcon, voilés de vapeurs roses. »

Cet alexandrin paisiblement et parfaitement cadencé (3/3/3/3) est sans doute l'un des plus beaux vers des *Fleurs du mal* ; Baudelaire, par ce décor tout en nuances et en délicatesse, y anticipe la grâce de l'**impressionnisme** pictural d'un Monet comme celle de l'impressionisme poétique du Verlaine des *Romances sans paroles*. Motif éponyme du poème, le balcon est le lieu central du souvenir et du vers ; comme les « portiques » de « La Vie antérieure » (voir p. 32), il conjugue en effet les doubles qualités de l'ouverture et de la clôture, de l'extériorité et de l'intériorité ; il est, pour le duo amoureux, une frontière idéale entre un ici protégé contre les menaces du monde et un ailleurs toujours possible et disponible.

« Au balcon » de la chambre, le poète jouit de la profondeur de l'espace (v. 12) ; « au balcon » de l'amour (« en me penchant vers toi »), il jouit de la puissance de la passion partagée et totale (« sein » et « cœur », « cœur » et « sang ») ; « au balcon » de la mémoire, il s'extasie enfin et surtout de la perfection des mots-souvenirs :

« Nous avons dit souvent d'impérissables choses ».

Chez Baudelaire, si souvent condamné au monologue du Moi et aux imprécations ou suppliques adressées à un Toi fuyant ou menaçant, ce « Nous », comblé et euphorique, est un pronom bien rare qui atteste au vers 9 de la fusion du duo dans l'**absolu de la parole**. De quelles « impérissables choses » s'agit-il ici si ce n'est de l'éternelle parole poétique, proférée dans l'intimité du couple rassemblé ? Dans le murmure des mots de l'amour partagé ?

Apothéose ou illusion ?

Au cœur du troisième quintil pourtant, où l'apothéose du duo s'exprime dans la splendide métaphore du « parfum de son sang », image de la connivence sensorielle parfaite des amants, de la « reine » et de son « adorateur », une menace, ou pour le moins un doute, se glisse dans l'ambiguïté sémantique du verbe « Je croyais » à l'attaque du vers 14. Traduit-il l'absorption complète, la ferveur totale du moi du poète-narrateur dans le geste de celui à qui il suffit de « se pencher » pour cueillir les fleurs de l'amour ? Ou bien, plus pernicieusement, inaugure-t-il la dénonciation d'une illusion, voire d'une imposture ? « Je croyais », et j'avais tort de croire...

La brutale modification des éléments et des motifs du décor dans le quatrième quintil (le soir apaisant y devient « nuit » totale, le « balcon » ajouré s'y fait « cloison » opaque, v. 16) donne du crédit à cette seconde hypothèse. À l'intérieur même du duo amoureux, les rapports aussi se compliquent et s'opacifient : à la transparence antérieure des corps et des esprits succède la quête plus trouble des deux regards condamnés à l'oscurité :

« Et mes yeux dans le noir devinaient tes prunelles »
(v. 17).

L'anaphore* du « Et », au début des vers 17-18-19, traduit d'ailleurs rythmiquement et grammaticalement une succession saccadée de comportements fragmentaires plus qu'une continuité partagée ; et si le « je buvais ton souffle » du vers 18 rappelle encore thématiquement le vers 14, l'oxymore* du second hémistiche (« ô douceur, ô poison ») montre comment la liaison amoureuse est insidieusement passée de la béatitude sereine à une perverse duplicité. Curieusement d'ailleurs, un troisième profil féminin surgit à ce moment du poème après ceux de la mère et de la maîtresse : **la sœur**, rôle dévolu souvent, on le verra (p. 54), à Marie Daubrun dans d'autres poèmes du recueil. Dans tous les cas, la sœur ne saurait être la femme du corps autrement qu'au prix d'une insolite complication de la posture amoureuse :

« Et tes pieds s'endormaient dans mes mains fraternelles. »

L'art purificateur

Le récit commémoratif que contient « Le Balcon » s'achève sur cette équivocité troublante, stylisation dégénérée des authentiques tête à tête ou corps à corps évoqués précédemment. Rompant avec le mode narratif, les deux derniers quintils – qui forment, à cet égard, un poème en soi – ouvrent en réalité une méditation plus vaste sur **l'art poétique** (ses pouvoirs et ses limites). Baudelaire, avant *À la Recherche du temps perdu* de Proust, y affirme l'efficacité du chant dans l'évocation du passé perdu :

« Je sais l'art d'évoquer les minutes heureuses. »

Habité et même obsédé par l'image de la femme (de nouveau génitrice, v. 22), il croit à la force du revoir pour revivre et reconquérir cet « ailleurs » (v. 24) circonscrit aux frontières de la chair et du « cœur » féminins.

Mais après les affirmations exclamatives du cinquième quintil viennent les interrogations de la dernière strophe. La « renaissance » (v. 27) aura-t-elle vraiment lieu ? La **catharsis** (somptueusement imagée par la comparaison des vers 28-29) par la mémoire et l'écriture sera-t-elle efficace ? L'« élévation » solaire (v. 29) du chant poétique triomphera-t-elle durablement du quotidien sans cesse vécu et revécu ?

La réponse, bien sûr, est dans l'ultime vers du poème qui, à la différence des vers 5, 10, 15, 20 et 25, ne reprend pas rigoureusement le vers initial de la strophe. Là encore le texte est ambigu. Sur quel ton en effet lire ce vers 30 :

« Ô serments ! ô parfums ! ô baisers infinis ! » ?

Le ton de la nostalgie de celui qui se souvient des « serments », des « parfums » et des « baisers » sans pour autant les « éprouver » de nouveau, ressuscités et purifiés ? Ou bien plutôt le cri euphorique de celui dont les paroles, absolument transparentes, triomphent du temps et délivrent, dans le quotidien vécu, cette idéalité fragile que seuls les mots, dans la limpidité de leur profération, peuvent encore suggérer et laisser désirer ?...

« Que diras-tu ce soir... » (XLII), « L'aube spirituelle »(XLVI)

La dizaine de poèmes qui va de « À celle qui est trop gaie » à « Le Flacon » constitue le cycle féminin inspiré par Madame Sabatier. Apollonie (de son vrai prénom Aglaé) nous est bien connue, tant par les témoignages des hommes de lettres qui fréquentèrent son salon (Dumas, Gautier, Musset, Flaubert) que par les œuvres des artistes auxquels elle servit de modèle (Ricard, Clésinger ou Meissonnier). Baudelaire commença d'entretenir en 1852 une liaison épistolaire et platonique avec cette « belle femme à l'antique » (E. de Goncourt) en laquelle il croyait reconnaître une vivante image de la vertu et de l'innocence, opposable aux appas dionysiaques de Jeanne Duval. La romance cessa en 1857, après un « triste » épisode où « celle dont la chair, comme celle de *Séraphita*, répand le parfum des anges » (G. Blin), vit son auréole s'estomper dans l'acte d'une possession décevante...

Les deux sonnets « Que diras-tu ce soir... » et « L'Aube spirituelle » (parus en 1855) dessinent la silhouette de cette figure angélique et quasi mystique, triomphant des tentations de la chair et capable de convertir le « débauché » à l'idéal d'une pureté céleste et spirituelle.

« Que diras-tu ce soir... », dialogue d'une âme et d'un ange

Construit comme un dialogue à deux voix, celle de l'âme du poète « solitaire » et « flétri », celle de l'ange, « fantôme » et « flambeau » (v. 12) à la fois, ce sonnet vaut surtout par sa mise en scène sanctifiante du personnage d'Apollonie, précédé d'une sorte d'hymne et de cortège lexical que mime, rythmiquement, l'alexandrin très processionnel (4/4/4) du vers 3 :

« À la très belle, à la très bonne, à la très chère ».

Tous les attributs physiques de celle qui, dans « Tout entière » (XLI), est décrite parée d'un « beau corps », trop harmonieux « Pour que l'impuissante analyse/En note les nombreux accords », sont ici flanqués d'un modulateur mystique qui en écarte toute espèce de matérialité : son « regard » est « divin » (v. 4), sa « chair spirituelle », et son « parfum » est celui « des Anges » (v. 7).

Cette dématérialisation ou **désincarnation** de l'être féminin laisse supposer un mouvement d'éloignement de la puissance mortelle du corps de la femme, cet « abîme » de nature, ce « gouffre » charnel où le prix à payer pour le plaisir sensuel était celui de l'aliénation de l'esprit et de l'âme. À l'inverse de Jeanne, la « diablesse » tentatrice et dionysiaque, Apollonie la « divine » et la bien prénommée, symbolise ici toutes les vertus d'une restructuration de l'être masculin, de recomposition de son identité « flétrie ». Dans le cycle général des amours baudelairiennes, elle est bien celle qui régénère (« Dont le regard divin t'a soudain refleuri ») et restaure la dignité du poète :

« Et son œil nous revêt d'un habit de clarté » (v. 8).

Aux « fleurs du mal » de Jeanne – celle qui dévêtait pour le plaisir des corps – répondent ici les fleurs célestes d'Apollonie, être de « clarté », « flambeau » (v. 11), lumineux là où la chair de la mulâtresse entraînait dans le clair-obscur et les « noirceurs » ardentes de la passion.

Mais ce refleurissement, on le sent bien, ne va pas sans fleurs de rhétoriques... Son « autorité » (v. 6) est celle d'une parole canonique qui résonne, dans le dernier tercet, comme la voix de l'Ordre (« j'ordonne », v. 12) contre les cris et les gestes du désordre. Quoi de plus rhétorique encore que l'énonciation ultime de la Sainte Trinité du vers 14 où le « Je » de la locutrice endosse tour à tour, sur le rythme ternaire, les trois rôles antinomiques de ceux de Jeanne : « l'Ange gardien » et tutélaire contre l'ange maudit et tentateur ; « la Muse » inspiratrice contre l'amante « vampire » et corruptrice ; la blanche « Madone » virginale enfin, contre la Vénus noire de chair et de sang...

« L'Aube spirituelle » ou la débauche écrasée

Ce qui n'était dans le sonnet XLII que juxtaposition rhétorique de profils contraires devient ici véritable lutte de forces antagoniques. Le poème conte en effet le processus salvateur (« l'opération d'un mystère vengeur », v. 3) par lequel « l'aube spirituelle » triomphe sur les décombres du crépuscule de la débauche. Pour donner toute sa puissance symbolique à cette résurrection, Baudelaire a paradoxalement rassemblé dans ce texte au titre « idéal » les mots, images ou formules les plus forts pour évoquer l'état de damnation au sein duquel va jaillir la lumière du salut. On relèvera ainsi au fil des strophes : « les débauchés » (v. 1), « la brute assoupie » (v. 4), « l'homme terrassé » (v. 6), « l'attirance du gouffre » (v. 7), et surtout le panorama apocalyptique du vers 9, où la combinaison du chiasme grammatical (nom / prédicat / prédicat / nom) et des allitérations en *s*, *i* et *u* assure le spectacle de ce que Baudelaire appelait ailleurs la « continuité d'horreur » :

« Sur les débris fumeux des stupides orgies. »

Presque hugolienne par son amplitude, cette fresque de la débauche étirée dans le temps et l'espace donne tout son sens et tout son prix au double et spectaculaire mouvement d'arrachement et de victoire qui traverse le sonnet. Mouvement double en effet si l'on considère que la structure formelle du poème (les deux quatrains puis les deux tercets) est contestée de l'intérieur par la division en deux séquences d'égale dimension (vers 1 à 7 et vers 8 à 14) séparées et rapprochées par le comparatif « Ainsi » à l'attaque du vers 8. Au premier mouvement qui oppose le « réveil » de l'« ange » à l'assoupissement de « la brute » et la tenace rêverie de « l'inaccessible azur » à « l'attirance du gouffre », succède ainsi un second mouvement, non seulement comparable (« ainsi ») mais réellement explicatif du premier : celui de **l'assomption** miraculeuse du seul « Être » capable d'exorciser la fatalité de la débauche, la « chère Déesse ».

Sans véritable présence matérielle, puisqu'elle est à la fois « fantôme » (v. 13) comme dans « Que diras-tu ce soir... » et « souvenir » (v. 10) comme dans « Harmonie du soir », circonscrite dans les deux cas à la discrète présence de l'anonyme possessif « Ton », elle est pourtant celle qui exerce le mystère / miracle d'un renversement aussi spectaculaire qu'inexplicable, tel que le suggère le brutal contraste entre l'épouvantable vers 9 et l'allègre alexandrin ternaire qui suit :

« Ton souvenir plus clair, plus rose, plus charmant... »

Mi-Vierge Marie accédant aux « Cieux spirituels » (v. 5), mi-archange saint Michel triomphant de Satan, elle ne se contente pas ici de substituer un paysage à un autre, une « aube » lumineuse à un crépuscule sordide ou à une nuit d'angoisse. Elle fait don au poète qui la contemple d'un regard dilaté par la vénération (v. 11) de ce à quoi il aspire le plus : une durée, une **temporalité heureuse** et bénéfique qu'inscrivent lexicalement les adverbes de temps des tercets (« voltige **incessamment** », « **toujours** vainqueur »).

Le poète de « L'Aube spirituelle » dessine ici l'utopie d'une présence féminine durablement, éternellement, salvatrice comme le chante avec ferveur le chiasme final :

« Âme resplendissante, à l'immortel soleil ! »

Arthur Rimbaud, dans l'une de ses *Illuminations* les plus célèbres et précisément intitulée « Aube », contera la course éperdue de l'adolescent follement épris d'une « déesse » dont le miracle de l'apparition se confondra avec la déception de sa fugacité onirique.

« Harmonie du soir » (XLVII)

Ce poème, qui clôt avec « Le Flacon » le cycle d'Apollonie Sabatier, est l'un des plus originaux des *Fleurs du mal* par sa forme très musicale et presque incantatoire. Il s'agit d'un pantoum régulier, une forme poétique d'origine malaise, découverte et utilisée par Victor Hugo, puis par Leconte de Lisle et Théodore de Banville* qui en précisa les règles. Composé ici de quatre quatrains d'alexandrins, il offre de subtils effets d'enchaînements et de répétitions par la reprise systématique des vers 2 et 4 d'une strophe aux vers 1 et 3 de la strophe suivante. Ce jeu sur la disposition métrique est complété par des effets rythmiques et surtout phonétiques dont le plus spectaculaire est la réduction des rimes au nombre de deux : la féminine en « ige » et la masculine en « oir ».

Le choix de cette forme et de ces effets n'est évidemment pas gratuit. Il marque stylistiquement, par son jeu d'euphonie et d'« harmonie », mais aussi de « brouillage » et d'équivocité – tant sémantique que plastique –, l'ambiguïté qui demeure au cœur même de l'amour spiritualisé et sanctifié, le « vertige » qui subsiste au sein même du subtil paradis passionnel offert par Apollonie.

Une atmosphère : entre ambiguïté et harmonie

Comme précédemment « Le Balcon » (voir p. 43), « Harmonie du soir » se signale par l'exceptionnelle qualité et complexité de son atmosphère où se retrouvent, dans une sorte de « ballet » poétique, les éléments et motifs chers à l'auteur des *Fleurs du mal*. Le **soir** tout d'abord (v. 3), avec non seulement son équivocité temporelle (entre le jour et la nuit) mais aussi sa polysémie : soir d'une journée, ou soir d'une liaison qui s'achève, ou encore soir d'une vie qui se retourne sur elle-même et regarde son « passé » (v. 14) ? La **fleur** ensuite (v. 2,5), motif éponyme et récurrent de tout le recueil, symbole de la femme aimée sans doute, mais plus sûrement métaphore de la vie en expansion, dans son double mouvement de genèse féconde (« vibrant sur sa tige ») et de dissémination / dissipation (« s'évapore »). La **musique** enfin (« valse », « sons », « violon »), dont la présence, continue au fil des strophes, crée ici – plus que les autres registres sensoriels – le véritable horizon du poème.

Si, comme dans « La Chevelure » inspiré par Jeanne Duval, Apollonie fait accéder ici encore le poète au monde des « correspondances » sensorielles (v. 3), le sceau de la « Madone » spirituelle est bien présent dans l'atmosphère de **religiosité** qui se dégage de l'ensemble du texte. Après une ouverture à connotation très biblique (« Voici venir les temps où... »), celui-ci se déploie en effet avec une lente solennité que vient renforcer la forte cohérence du registre lexical en la matière : « encensoir » (récipient de culte suspendu au bout d'une chaînette dans lequel on brûle l'encens), « reposoir » (support en forme d'autel sur lequel le prêtre dépose le Saint Sacrement), et « ostensoir » (pièce d'orfèvrerie qui contient l'hostie sacrée). On notera par ailleurs que ces trois mots sont tous membres d'hémistiches comparatifs, la **comparaison** étant dans ce pantoum la figure de rhétorique principalement utilisée par Baudelaire pour illustrer l'harmonie, somptueuse mais fragile, des êtres et des sentiments.

Une expérience : entre ferveur et malaise

À considérer le vers central du poème (« Le ciel est triste et beau comme un grand reposoir »), on mesure en effet, au-delà de l'ambiguïté d'une atmosphère, celle d'une expérience où se condensent plusieurs états d'âme d'un poète pour qui le beau, aussi céleste et divin soit-il, ne va pas sans une forme de tristesse. « Triste et beau », c'est tout le poème qui l'est, déclinant sereinement mais « langoureusement » des troubles aisément repérables ailleurs dans les *Fleurs du mal* :

– les troubles de la sensation : « vertige » (v. 4), « frémissement » (v. 6), « langueur » (v. 7), déperdition de substance et « figement » (v. 12) métaphorisés dans l'extraordinaire image d'un coucher de soleil aux couleurs des blessures du cœur et du corps : « Le soleil s'est noyé dans son sang qui se fige. » Autant de symptômes apparentés à l'état de malaise spleenétique tel qu'il sera développé plus loin dans le recueil (voir pp. 60-63) ;

– les troubles de la passion : bien qu'inspiré par Apollonie Sabatier « Harmonie du soir » cultive toutes les « fleurs » que l'on sait désormais contradictoires de l'amour baudelairien. Amour-tendresse et amour-lumière certes (v. 1, 14, 16), mais aussi amour-tristesse et amour-obscurité (v. 6, 10) ; et surtout amour passé et peut-être amour perdu puisque tout le texte (comme « Le Balcon » encore) est une célébration mais par l'entremise de la mémoire et des souvenirs (v. 14, 16) : « Ton souvenir en moi luit comme un ostensoir ! » ;

– les troubles de la conscience enfin, incapable de coïncider pleinement avec l'objet de sa ferveur et contrainte à la « haine » des puissances mortelles qui la menacent : « Un cœur tendre qui hait le néant vaste et noir ! »

La poésie : entre complainte et incantation

Poème du malaise et de la disharmonie existentielle autant que de la ferveur et de la communion, poème du crépuscule d'une harmonie autant que de l'avènement bénéfique promis par son vers 1, « Harmonie du soir » n'en demeure pas moins un des exercices des *Fleurs du mal* les plus probants quant à la capacité de l'écriture poétique versifiée à exorciser les « vieux démons » baudelairiens :

– par sa **forme** même : celle du pantoum dont la structure discrètement répétitive crée un effet d'envoûtement apaisant ;

– par la puissance d'**association** du langage et de ses images (métaphores et surtout comparaisons) qui rendent possible la coexistence des contraires : passé/présent, lumière/nuit, absence/présence, passion/souffrance ;

– par un travail constant sur la **densité** et la **cohérence lexicale**, sur la rythmique et l'accentuation (v. 1, 3, 7, 11), sur les effets phonétiques de la rime raréfiée ou des assonances répétées (voyelles nasales *an* et *on* notamment). Travail qui conduit à faire de la valse des mots le principe même de l'apaisement du vertige des cœurs, comme en témoigne le chiasme parfait des vers 4 et 7 :

« Valse mélancolique et langoureux vertige ! »

Dans son *Essai sur la création et l'inspiration poétiques* chez Baudelaire, Jean Prévost avait très finement commenté ce pouvoir irremplaçable de la poésie en vers dans cette complainte incantatoire dont, à la différence d'autres textes des *Fleurs du mal*, on n'imagine pas même une version en prose : « Dans la progression douce de ce poème, écrivait-il, notre contemplation s'est fondue en émotion, notre émotion, élargie au-delà de notre être, a suivi la marche lente et souveraine des strophes ; elle s'est rythmée selon la voix. Le dernier vers achevé, notre émotion continue dans le silence (ce silence où excellent les vrais acteurs), elle s'élargit et s'affaiblit à la fois au fond de nous, comme un cercle d'ondes ; elle meurt enfin paisible à l'horizon intérieur. Elle nous laisse immobiles ; ce mouvement balancé du corps et de l'âme s'achève en un parfait repos. Sans doute, et dès le premier vers, nous avions réagi au poème, mais nos réactions nous ramenaient à suivre le mouvement des stances ; elles s'épanchaient tout entières en contemplation ou en sentiment. L'émotion poétique, réglée par le rythme des sons et des images, s'est déroulée en nous comme une danse intérieure, chaque mouvement se liait aux autres pour le suivre ou le balancer ; et ces mouvements, comme ceux de la danse, n'avaient d'autre but que leur harmonie et leur perfection. »

« Le Poison » (XLIX), « Ciel brouillé » (L)

À côté des deux figures contradictoires de Jeanne Duval et d'Apollonie Sabatier, d'autres femmes traversent l'écriture des *Fleurs du mal*. Parmi ces silhouettes fugaces ou anonymes, une troisième inspiratrice se distingue : Marie Daubrun à qui sont attribués généralement les poèmes XLIX à LVII formant le troisième et dernier cycle des amours baudelairiennes. C'est dès 1847 que Baudelaire avait rencontré cette jeune actrice, familière de Banville* et qui allait endosser dans sa poésie un rôle de compromis en quelque sorte, entre les ardeurs sensuelles de Jeanne et les grâces éthérées d'Apollonie.

Reconnaissable à ses « yeux verts » et à ses « cheveux d'or », Marie est la compagne oxymorique* par excellence, « poison » et nectar, « ciel » et gouffre, « dangereuse » et « séduisante » tout à la fois...

« Le Poison », amour des drogues et drogue de l'amour...

Le thème cher à Baudelaire des « paradis artificiels » est étroitement lié à celui du conflit entre l'idéal fugace et le spleen toujours menaçant. C'est l'impossible maintenance de l'idéalité qui conduit l'homme à réinventer sans cesse ces **paradis artificiels**, à défaut de pouvoir jouir durablement, même auprès de la compagne « céleste », du Paradis tout court... Cette conviction que l'extase paradisiaque peut être provoquée par l'individu lui-même conduit le poète à accepter le recours aux artifices les plus divers comme une véritable nécessité poétique. « Le goût de l'infini, écrit-il dans ses *Paradis artificiels* de 1860, est le premier des biens ; c'est pourquoi, ne considérant que la volupté immédiate, l'homme a, sans s'inquiéter de violer les lois de sa constitution, cherché dans la science physique, dans la pharmaceutique, dans les plus grossières liqueurs, dans les parfums les plus subtils, sous tous les climats et dans tous les temps, les moyens de fuir, ne fût-ce que pour quelques heures, son habitacle de fange. »

Le joli madrigal intitulé « Le Poison », remarquable par l'alternance des alexandrins et des heptasyllabes impairs, explore ainsi dans ses deux premiers quintils les tentations du « **vin** », auquel il consacrera une section entière de son recueil (voir pp. 73-75), et de la **drogue** qui, comme le tabac (voir « La Pipe », LXVIII), semble proposer une solution de délivrance au fardeau du temps. Passionné par les *Confessions d'un mangeur d'opium* de Thomas de Quincey*, auteur lui-même de deux essais sur la toxicomanie (*Du Vin et du Haschisch*, 1851 et *Le Poème du Haschisch*, 1858), Baudelaire, en dehors de quelques abus de laudanum pour calmer ses maux, ne s'est jamais vraiment drogué. Ce nouveau poison est à comprendre comme une métaphore supplémentaire du désir d'apaiser les tourments intérieurs et d'accéder à « l'ailleurs » idéal. Un artifice, en somme, ni pire ni meilleur que les autres...

« Tout cela », repris en anaphore* aux vers 11 et 16 du poème, « ne vaut pas le poison qui découle / De tes yeux, de tes yeux verts ». La **femme**, Marie Daubrun, évoquée dans les deux derniers quintils, n'est donc ici, ni plus ni moins, que l'addition, en un corps, des puissances séparées de l'alcool (v. 15) et de la drogue (v. 18). Déclencheur, comme eux, des fantasmes, des « songes » (v. 14) et d'un « vertige » (v. 19) aussi fascinant que « terrible », elle offre la chance et le risque simultanés d'un plaisir aux couleurs « de la mort » (v. 20).

« Ciel brouillé » ou les triomphes de l'oxymore*

Cette idée de simultanéité des contraires dans l'unicité de la présence féminine, est particulièrement attachée à la silhouette de Marie, la plus « duelle » des femmes des *Fleurs du mal*. Le poème L du recueil, « Ciel brouillé », un texte à forme fixe avec des rimes exclusivement masculines, est ainsi orchestré comme une variation sans fin (les questions des vers 2 et 20 restant évidemment sans réponses) sur les pouvoirs « mystérieux » de l'insaisissable et contradictoire féminité.

Insaisissable d'abord dans la diachronie fuyante de son corps/paysage où les signes et indices de la présence sont comme emportés dans une valse plus accélérée encore que celle du « Balcon » de Jeanne ou de l'« Harmonie du soir » d'Apollonie. Comptant à lui seul pour un hémistiche (!), l'adverbe « alternativement » du vers 3 donne à lire cette insolite métamorphose continue d'une femme miroir (« réfléchit », « tu ressembles ») et mémoire d'une passion automnale .

Contradictoire encore dans la synchronie ambivalente, faite de duplicité et de perversité, des éléments ou effets de cette présence indécidable. À cet égard, « Ciel brouillé » est l'un des poèmes les plus fondamentalement **oxymoriques** des *Fleurs du mal*. Le « tu » de l'aimée y paraît et disparaît, s'y offre et s'y dérobe, dans un fondu-enchaîné lexical qu'annonçait d'ailleurs le « brouillage » même du titre : « tendre » et « cruel », « cœurs » et « nerfs », « soleils » et « frimas », lumière et voile, indolence et ensorcèlement, mal et plaisir, etc. Summum de ce texte étrange, le singulier vers 13 où Baudelaire a combiné pour un effet de sens et d'équivocité maximal la puissance de l'oxymore et celle du chiasme :

« Ô femme dangereuse, ô séduisants climats ! »

« L'Invitation au voyage » (LIII)

Ce poème de 1855 est au cycle des amours de Marie Daubrun ce que « Le Balcon » (voir p. 43) était à celui de Jeanne ou « Harmonie du soir » (voir p. 51) à celui d'Apollonie : une synthèse et une sublimation, avec ici comme dans les deux autres cas une innovation formelle exceptionnelle, à la hauteur des émotions et des désirs exprimés.

Introductrice capricieuse à l'éphémère paradis idéal, on l'a vu, la femme initie plus généralement Baudelaire à tous les mirages de « l'ailleurs ». Le thème du voyage, cher au « touriste » fantasque de 1841, apparaît ainsi constamment lié, dans les *Fleurs du mal*, au thème féminin et passionnel. Si le poète semble prendre l'intitiative du départ, s'il « invite » la femme à le suivre, c'est bien qu'elle est celle qui offre, dans son corps et ses atours, tous les prétextes à l'évasion désirée. Un parfum, un geste, un regard suffisent à déclencher une rêverie du voyage qui semble d'ailleurs aussi se suffire à elle-même. Plus que la réalité d'un itinéraire, Baudelaire paraît se contenter du rêve d'un départ. Commencé sur le rythme d'une « ballade » amoureuse, « L'Invitation au voyage » s'achève en une langoureuse « berceuse » ; la rêverie de l'ailleurs se fond et se confond dans les méandres d'un sommeil heureux. Jamais peut-être le poète n'aura vécu ni décrit une pareille « béatitude ».

Une forme et une musique exceptionnelles

Les choix formels, dans « L'Invitation au voyage », sont inédits sous la plume de Baudelaire, à commencer par celui des **mètres impairs** (pentasyllabes et heptasyllabes) dont Verlaine fera plus tard l'usage que l'on sait. Leur utilisation est sans doute justifiée ici par la volonté du poète de donner à son texte l'allure et le tempo d'une ballade, d'une romance ou mieux encore d'une berceuse, si l'on veut bien considérer la valeur du sommeil de la dernière strophe.

Les strophes elles-mêmes, qui sont des douzains, sont remarquables par leur schéma de rimes très élaboré où se succèdent deux rimes suivies (*aa*), quatre rimes embrassées (*bccb*), puis de nouveau deux suivies (*dd*) et quatre embrassées (*effe*). Cet enchaînement revient en fait à structurer le douzain en un contrepoint subtil de deux distiques et de deux quatrains.

Le triple **refrain** (v. 13-14, 27-28 et 41-42) contribue, lui, à l'enchaînement musical des douzains entre eux. Son effet mélodique, itératif et comme psalmodié, est accompagné au fil des strophes de nombreux autres **effets sonores et rythmiques**. On relèvera ainsi dans la première la cadence donnée par la consonance en *m* (v. 1, 4, 5, 7) dont le discret « murmure » est peut-être précisément celui de la « douce langue natale » (maternelle ?) dont il sera question au v. 26 ; on y appréciera encore le non moins discret brouillage phonétique (« soleils », « mouillés », « ciels », « brillant », « brouillés ») qui « colore » toute la strophe et renforce l'imprécision sémantique. Dans le deuxième douzain on sera sensible cette fois à la répétition de la voyelle nasale *an/en* (« luisants », « ans », « chambre », « mêlant », « senteurs », « ambre », « splendeur », « langue », « orientale ») qui donne à la strophe sa musique et son « odeur » ; effet renforcé de surcroît par un habile jeu de **rimes intérieures**, puisque la rime suivie en *eur* des vers 18-19 est doublée par la rime à distance de « senteurs » (v. 20) avec « splendeurs » (v. 23).

Des paysages nouveaux

Si l'on retrouve ici ou là, dans « L'Invitation » quelques signes ou motifs du paysage exotique cher à Baudelaire (« senteurs de l'ombre », v. 20 ; « splendeur orientale », v. 23), c'est le paysage **flamand** et hollandais qui domine l'espace du poème :

– espace extérieur : « soleils mouillés » (v. 7), « ciel brouillé » (v. 8), « canaux » (v. 29) ;

– espace intérieur à la façon des maîtres de la peinture hollandaise (Vermeer, Ruysdaël) des XVIIe et XVIIIe siècles : « meubles luisants / polis par les ans » (v. 15-16) ; « riches plafonds » et « miroirs profonds » (v. 21-22).

On notera que le point d'intersection entre les deux pôles géographiques de l'imaginaire baudelairien, paysage exotique et décors flamands, se fait ici par la présence des « vaisseaux » (v. 30) à l'ancre, venus « du bout du monde » (v. 34) et qui installent, dans la grisaille du Nord, la « chaude lumière » et l'« or » des tropiques.

Une compagne de voyage

Inspiré par Marie Daubrun, ce poème met en scène une compagne de voyage dont « la douceur » (v. 2) contraste apparemment avec nombre de caractères des partenaires précédentes. Non seulement sa **féminité paisible** se fond dans les profils innocents de l'« enfant » et de la « sœur » (v. 1) mais elle laisse même entrevoir – ce qui est rare dans les *Fleurs du mal* – la promesse d'un amour partagé et serein dans la durée sans le renfort d'une ascèse spirituelle ou mystique : « D'aller là-bas, vivre ensemble ! »

Toutefois cette sérénité initiale (dans un mouvement proche de celui du « Balcon ») est comme creusée et minée par les méfiances ou angoisses habituelles du poète-narrateur à l'endroit d'une compagne dont la dualité trouble s'exprime dans les oxymores* des vers 5-6 (« Aimer et mourir / Au pays qui te ressemble ») et 9-11 (« les charmes / si mystérieux / de tes traîtres yeux »).

Voyage ou invitation ?

Le titre même du poème souligne bien cette nouvelle ambiguïté inscrite dans l'espace rêvé du voyage comme dans la silhouette de la compagne invoquée. Plus que d'un voyage à entreprendre, il s'agit bien ici d'un voyage à rêver ; plus que d'un « ailleurs » à atteindre et à vivre, il s'agit d'une « invitation » rêveuse à prolonger indéfiniment le désir ou la promesse d'une quête dont le plaisir tient précisément à la dilatation du moment antérieur à tout premier pas, à tout départ effectif.

Texte heureux, s'il en est, dans la grisaille douloureuse du recueil, « L'invitation au voyage » semble ainsi accomplir de manière positive le vœu insolite qui figurait dans l'un des projets de préface des *Fleurs du mal* (« ne rien savoir, dormir et encore dormir... ») et que répétait l'une des pièces condamnées de 1857 intitulée « Le Léthé » : « Je veux dormir ! dormir plutôt que vivre / Dans un sommeil aussi doux que la mort ». Le poème préserve ici jusqu'au bout sa fragile béatitude en niant précisément l'objet qu'il s'était assigné : le voyage. C'est parce que celui-ci n'aura jamais lieu, parce que le poème « s'endort » (v. 39-40) dans la musique de la berceuse qu'il devient au fil des strophes, qu'une félicité s'installe et s'étire jusque dans l'ultime distique qui semble accomplir parfaitement cette **stratégie du sommeil** réparateur ou salvateur.

À cet égard, le « Là » indéterminé des refrains, s'il désigne encore dans ses deux premières occurences un lieu géographique imprécis mais désignable et désirable, renvoie de manière « autoréférentielle », lors de sa dernière énonciation, au lieu même du poème, de l'espace mesuré et protecteur du chant poétique :

« Là, tout n'est qu'ordre et beauté
Luxe, calme et volupté. »

« Spleen » (LXXV, LXXVI, LXXVII, LXXVIII), « Le Goût du néant » (LXXX), « L'Irrémédiable » (LXXXIV)

Au sortir des trois cycles du désir amoureux, commence le dernier mouvement de la première section des *Fleurs du mal*, celui du « spleen » proprement dit (poèmes LXV à LXXXV), dominé en son centre par les quatre poèmes précisément intitulés « Spleen » par Baudelaire et accompagnés par le triste cortège des autres pièces aux titres chaque fois plus sombres comme « Sépulture », « Le Tonneau de la haine », « Obsession », « Alchimie de la douleur », « Horreur sympathique », « L'Irrémédiable » ou encore le très désespéré « Goût du néant ».

Après avoir posé l'ambition de l'inaccessible Idéal, après s'être essayé aux tentations aussi répétées qu'avortées de la sensualité et de la spiritualité, le poète dresse le constat de la fatalité et du « déshonneur » de son être condamné à dire au mieux le vide de son désir, au pire le désir d'un vide, d'un néant où « s'abîmer »... L'emprunt par Baudelaire du mot « spleen » à la langue anglaise (très familière, ne l'oublions pas, à ce traducteur d'Edgar Poe*) pour donner un nom à son « mal » est par ailleurs significatif.

« Spleen » est en effet proprement intraduisible en français si ce n'est par un jeu de périphrases ou par l'addition de synonymes dont la liste constitue un lexique qui n'épuise jamais, en réalité, le foisonnement du sens. « Spleen, mal inconnu ou d'inconnu », dit Georges Blin ; spleen, mot inconnu, mot méconnu et pourtant désormais trop connu, pourrions-nous ajouter, tant l'auteur des *Fleurs du mal* en a fait le vocable emblématique d'une partie essentielle de son inspiration et de son œuvre. Mot-clé, mot de passe, mot de la fin de la première partie de l'œuvre, c'est bien à une recherche polysémique que nous convie ce monosyllabe aux accents de deuil et de souffrance.

Des bleus au corps et à l'âme

Physiologiquement, le spleen se caractérise d'abord par des sensations d'usure et de faiblesse ; par les symptômes d'agression et d'ulcération d'une chair malade et épuisée que métaphorisent souvent les images de décors ou de paysages encrassés et funèbres :

> « Pluviôse, irrité contre la ville entière,
> De son urne à grands flots verse un froid ténébreux
> Aux pâles habitants du voisin cimetière
> Et la mortalité sur les faubourgs brumeux. »
>
> (« Spleen » LXXV)

Par des impressions d'étreinte, d'oppression lugubre et d'étouffement malsain :

> « Quand le ciel bas et lourd pèse comme un couvercle
> Sur l'esprit gémissant en proie aux longs ennuis
> Et que de l'horizon embrassant tout le cercle
> Il nous verse un jour noir plus triste que les nuits... »
>
> (« Spleen » LXXVIII)

Psychologiquement, « épidermiquement », c'est un sentiment de « guigne », d'« ennui », d'enlisement et d'abêtissement de l'esprit :

> « Je suis comme le roi d'un pays pluvieux,
> Riche, mais impuissant, jeune et pourtant très vieux,
> Qui, de ses précepteurs méprisant les courbettes,
> S'ennuie avec ses chiens comme avec d'autres bêtes. »
>
> (« Spleen » LXXVII)

Plus profondément encore, c'est la conscience de l'engluement des énergies et forces vives de l'être humain, de la **dévitalisation** d'un individu réduit à n'être plus, écrit Walter Benjamin dans son *Charles Baudelaire*, que « matière inorganique et, en outre, matière exclue du processus de circulation » :

« Désormais tu n'es plus, ô matière vivante !
Qu'un granit entouré d'une vague épouvante,
Assoupi dans le fond d'un Sahara brumeux ;
Un vieux sphinx ignoré du monde insoucieux,
Oublié sur la carte, et dont l'humeur farouche
Ne chante qu'aux rayons du soleil qui se couche. »
(« Spleen » LXXVI)

Un vers du poème LXXX, résume parfaitement et tragiquement cet état d'abandon et de frustration qui confine au « Goût du Néant » dans un constat d'une terrifiante évidence :

« Le Printemps adorable a perdu son odeur ! »

Aliénation et damnation

« Caprice des nerfs » dans ses plus explicites manifestations, le spleen se révèle donc aussi véritable malaise existentiel, porté et signifié par toute une série de fantasmes terrorisants : « Au moral comme au physique, écrira Baudelaire dans l'une de ses *Fusées*, j'ai toujours eu la sensation du gouffre, non seulement du gouffre du sommeil, mais du gouffre de l'action, du rêve, du souvenir, du désir, du regret, du remords, du beau, du nombre, etc. » Maelström d'obsessions, d'angoisses et de répulsions, le mal baudelairien culmine ainsi dans un état cruel de soumission morale et de démission psychologique. C'est d'**aliénation** qu'il convient alors de parler, comme le suggèrent les images particulièrement dramatiques du dernier quatrain du « Spleen » LXXVIII :

« Et de longs corbillards, sans tambours ni musique,
Défilent lentement dans mon âme ; l'Espoir,
Vaincu, pleure, et l'Angoisse atroce, despotique,
Sur mon crâne incliné plante son drapeau noir. »

Cette « atroce » marche funèbre, à la cadence martelée et sinistre d'un enterrement (noter le contre-rejet du vers 2, et les coupes 2/1/6/3 du vers suivant), est ainsi à lire comme le **requiem** de tous les désirs et de toutes les espérances d'un génie soumis, « vaincu » et comme apeuré. Le « drapeau noir » du dernier hémistiche, quelque interprétation qu'on en donne, s'y fait le symbole de la victoire définitive du Mal absolu. C'est le drap noir des « corbillards » évoqués plus haut dans le poème, signe de la mort d'un homme et de l'achèvement d'un destin ; mais c'est aussi (le verbe « plante » invite à cette lecture) le drapeau corsaire et pirate, métaphore du triomphe de l'autre sur soi, de l'abdication face à une force étrangère et dominatrice. Le pirate, c'est celui qui enlève, dépossède, usurpe, en un mot, celui qui **aliène** à tout jamais et qui contraint le poète à passer sous les fourches caudines de l'humiliation : « sur mon crâne incliné... »

« Trop tard »

Le spleen enfin, nous le savions depuis les tout premiers poèmes du recueil (voir pp. 30-31), a partie liée avec une **conscience du temps douloureuse** et malheureuse. À la fin de cette grande section, des poèmes comme « L'Irrémédiable » et « L'Horloge » répètent cette malédiction du temps satanique, éloignant chaque jour davantage l'homme de sa part d'idéalité, alourdissant interminablement le fardeau de la faute et le poids du mal. « La conscience dans le Mal ! », hurle ainsi le dernier vers de « L'Irrémédiable », désignant le « tête-à-tête sombre et limpide » auquel est voué désormais le poète, spectateur impuissant d'« un cœur devenu son miroir ! » Au dieu lointain mais encensé de « Bénédiction », le premier poème des *Fleurs du mal*, vers lequel « le poète serein lève ses bras pieux », a « irrémédiablement » succédé dans le dernier texte de « Spleen et idéal » l'« Horloge ! dieu sinistre, effrayant, impassible... » Dans un travail de deuil qui est aussi une manière de voyage au bout de la nuit, il ne reste à l'homme asservi par cette puissance maléfique qu'à accompagner jusqu'à son terme le mouvement corrupteur et destructeur « Où tout [lui] dira : Meurs, vieux lâche ! il est trop tard ! »

« Trop tard », dernier mot du dernier vers de l'ultime poème de cette section n'est pas là par hasard. Morale, conclusion ou devise, il désigne de ses deux syllabes le destin auquel est voué le héros du monde moderne et « spleenétique » : « On l'apprend avec Baudelaire, écrit Roger Kempf dans *Dandies, Baudelaire et Cie*, cette mystique est une anticipation de la mort. Héroïquement, le dandy n'objecte que des gestes dérisoires, des emblèmes à la marche du siècle, et il se sait condamné. Barbey d'Aurevilly* ferme ses lettres d'un cachet où se lit : Too late. »

DEUXIÈME PARTIE : « TABLEAUX PARISIENS »

DESCRIPTIF

Dans son *Salon de 1859*, Baudelaire déplorait l'absence de peintures donnant à voir « le paysage des grandes villes, c'est-à-dire la collection des grandeurs et des beautés qui résultent d'une puissante agglomération d'hommes et de monuments, le charme profond et compliqué d'une capitale âgée et vieillie par les tribulations de la vie. » L'adjonction aux *Fleurs du mal*, en 1861, d'une section intitulée « Tableaux parisiens » juste après les poèmes de « Spleen et idéal » allait remplir ce programme esthétique des temps modernes.

En réalité, sur les dix-huit poèmes composant cette nouvelle partie et numérotés de LXXXVI à CIII, huit appartenaient déjà à l'édition de 1857 mais figuraient de manière éparpillée dans « Spleen et idéal ». Il s'agit de « Paysage », « Le Soleil », « À une mendiante rousse », « Le crépuscule du soir », « Le Jeu », « Je n'ai pas oublié », « La servante au grand cœur » et « Brumes et pluies ». Cette redistribution des textes, dont on a dit plus haut l'importance pour le sens même de l'itinéraire des *Fleurs du mal*, souligne en même temps la forte continuité thématique entre les deux premières sections du recueil : il s'agit bien de faire passer « la conscience dans le Mal » des hantises de « l'âme fêlée » et rongée par le spleen, aux misères de la « capitale maudite » qui va se faire métaphore et miroir de cette conscience spleenétique.

Après le « prologue » que constitue « Paysage », où le poète pose son ambition esthétique nouvelle (« voir » et « rêver » la ville moderne), cette section des « Tableaux parisiens » peut se décomposer en deux sous-ensembles nettement identifiables : la série des « tableaux » diurnes (qui va du « Soleil » LXXXVII au « Squelette laboureur » XCIIV), puis celle des pièces nocturnes (qui va du « Crépuscule du soir » XCV au « Rêve parisien » CII) avant que le dernier poème de la section, au titre très oxymorique* (« Le Crépuscule du matin » CIII, un des textes les plus anciens écrits par Baudelaire), ne conjugue ces deux séries dans un ultime mouvement combinatoire.

COMMENTAIRE

« Le Cygne » (LXXXIX)

Ce long poème à forme fixe de 52 vers, répartis en deux mouvements comprenant respectivement sept et six quatrains à rimes alternées, date de 1860 et est dédié à Victor Hugo alors condamné à l'exil. Sa thématique diurne prolonge celle du « Soleil » où l'on voyait déjà à l'œuvre le poète, promeneur solitaire, « flairant dans tous les coins les hasards de la rime / Trébuchant sur les mots comme sur les pavés / Heurtant parfois des vers depuis longtemps rêvés ». Chantre d'un monde moderne où « la forme d'une ville / Change plus vite, hélas !, que le cœur d'un mortel », Baudelaire, traversant le Louvre de Napoléon III et le Paris trop neuf des grands travaux du préfet Haussmann*, se révèle ici comme un étonnant poète arpenteur de la « fourmillante cité pleine de rêves » où l'égarement des pas témoigne de celui de la conscience et de la mémoire.

« Le Cygne », un nouvel « albatros »

La première partie du poème installe et enlace les trois motifs autour desquels va se déployer la tristement rêveuse méditation du promeneur-narrateur :

– le **Paris moderne** du petit matin blafard, négation du « vieux Paris » qui « n'est plus » (v. 7), et qui s'offre au flâneur stupéfait comme un « bric-à-brac confus » (v. 12) où les chantiers « ébauchés » demeurent aussi insignifiants que ce qui survit aux coups des démolisseurs d'Haussmann (v. 9-16) ;

– la silhouette invoquée de la mythique **Andromaque** d'Homère et surtout de Virgile (*Énéide*, III). La veuve d'Hector, prisonnière de Pyrrhus et donnée par lui à Hélénus (*cf.* v. 40), rêvant dans son exil à son pays natal près d'une rivière, devient ici la figure emblématique de tous les exilés : Hugo, bien sûr, à qui est dédié le poème, mais aussi Baudelaire lui-même, exilé de l'intérieur dans un espace urbain où il ne se reconnait plus et risque de se perdre dans les ruines d'un passé perdu ;

– enfin **le cygne** « évadé de sa cage » (v. 17), cherchant vainement à survivre sur le pavé poussiéreux de la capitale hostile. Lui, fait pour les eaux limpides « de son beau lac natal » (v. 22) est jeté « sur le sol raboteux » (v. 19) de la grande ville. Pareil à « L'Albatros » qui ouvrait le recueil (voir p. 24), il symbolise tout le désespoir et toute l'impuissance d'un être d'altitude divine (v. 25-28) et de pureté liquide (v. 22-23), condamné à la basse et impure matérialité d'un espace qu'il n'a pas choisi d'habiter et dont il subit l'oppression :

> « Près d'un ruisseau sans eau la bête ouvrant le bec
> Baignait nerveusement ses ailes dans la poudre... »

Le « spleen de Paris »

La seconde partie du poème est tout entière consacrée à l'expression de cette « mélancolie » (v. 29) urbaine qui vaudra plus tard au recueil de poèmes en prose de Baudelaire le titre *Spleen de Paris*. Le « bric-à-brac confus » des premières strophes se fait désormais avalanche « allégorique » où se conjuguent monuments du présent et fardeau du passé remémoré :

> « [...] palais neufs, échafaudages, blocs,
> Vieux faubourgs, tout pour moi devient allégorie,
> Et mes chers souvenirs sont plus lourds que des rocs. »

L'« image opprimante » (v. 33) du cygne, ou celle d'Andromaque (v. 37-40), ne sont plus que des images parmi d'autres du mal « rongeur » (v. 36) que le poète cherche à « penser » (v. 34, 41, 51) et à figurer à travers une étonnante collection de brefs **tableaux** juxtaposés. Ceux-ci empruntent à des esthétiques aussi variées que la mythologie romaine (v. 45-48) ou l'exotisme africain le plus spectaculaire, dans son « choc » avec le monde de la modernité urbaine occidentale :

> « Les cocotiers absents de la superbe Afrique
> Derrière la muraille immense du brouillard... »

Animal désemparé, veuve éplorée, « négresse phtisique », « matelot » échoué, tous ces profils d'**exilés** et d'**aliénés**, qui hésitent entre le cliché éculé ou l'invention insolite, ne font ainsi que balbutier cette « Douleur » majuscule (v. 47). Elle n'a toujours pas d'autre nom que celui de « spleen », mais offre autant de visages que Paris et l'âme du poète comptent de spectres et de fantômes errants.

« À une passante » (XCIII)

Les trois poèmes suivants aux titres très explicites, « Les sept vieillards », « Les petites vieilles » et « Les Aveugles », poursuivent ce catalogue halluciné et parfois monstrueux des spectres et fantômes qui hantent l'écriture poétique de Baudelaire dans les années 1859-1860. Son *Salon de 1859* redit d'ailleurs cette contamination de la conscience par une « faune » aussi angoissante que grotesque : « Dans la Thébaïde que mon cerveau s'est faite, semblable aux solitaires agenouillés qui ergotaient contre cette incorrigible tête de mort encore farcie de toutes les mauvaises raisons de la chair périssable et mortelle, je dispute parfois avec des monstres grotesques, des hantises du plein jour, des spectres de la rue, du salon, de l'omnibus. »

Le sonnet « À une passante » reprend sur le mode bref et presque fulgurant, on va le voir, le thème central des « Sept vieillards », à savoir la rencontre fortuite et brutale, dans l'épaisse continuité mélancolique de la ville, de quelqu'un qui fait signe. Naguère les « marionnettes » hideuses d'une beauté diabolique ; ici l'apparition aussi éphémère que bouleversante d'une beauté divine... Dans les deux cas, c'est bien toujours de silhouettes et d'incarnations douloureusement attirantes qu'il s'agit.

Coup de foudre...

Le sonnet XCIII fait partie de la série des poèmes-dédicaces des *Fleurs du mal*, à côté de « À une dame créole », « À une Malabaraise », « À une mendiante rousse » ou encore « À celle qui est trop gaie ». Mais, bien qu'anonymes dans leur envoi, ces autres textes s'adressaient à des êtres féminins identifiables pour le poète-narrateur derrière l'anonymat préservé pour le lecteur. Ici, rien de tel. C'est de l'anonymat collectif de « la rue assourdissante » (v. 1) qu'émerge la silhouette inconnue d'une femme, pareille au « fantôme débile / Traversant de Paris le fourmillant tableau » que nous dessinait déjà le septième quatrain des « Petites vieilles ».

Mais loin de la disgrâce et de la déchéance de ces « Èves octogénaires », la « longue » et funèbre créature (une nouvelle Andromaque ?) qui traverse le pavé de Paris et les vers de Baudelaire, déclenche aussitôt le processus « extravagant » (v. 6) d'un coup de foudre que le miroir de son « œil, ciel livide où germe l'ouragan », contient comme en un microcosme. Réduite, par le jeu des métonymies, à quelques signes ou fragments de présence (« une main », « le feston et l'ourlet », « sa jambe », « son œil »), celle qui ne fait que « passer » dilate pourtant le caractère éphémère de son apparition à la dimension d'une aventure romanesque exaltante et tapageuse où l'on croit reconnaître toute la trame oxymorique* de la passion baudelairienne :

« Moi, je buvais [...]
La douceur qui fascine et le plaisir qui tue. »

...et coup de spleen

En faisant du coup de foudre, au hasard de ces rues où se croisent les diagonales du destin de deux êtres, le mode symbolique de l'amour **moderne**, Baudelaire en énonce en même temps toute la brutalité désespérée :

« Un éclair... puis la nuit ! – Fugitive beauté... »

À la surprise bouleversante des quatrains succède en effet l'impatience désenchantée des tercets. À cet amour-là, le seul possible peut-être dans le monde anonyme de la grande ville, le temps ne sera pas davantage donné qu'aux multiples liaisons sans cesse recommencées des cycles de « Spleen et idéal ». Ouvert dans la célébration d'une apparition et d'une chance, le sonnet se prolonge et s'achève dans la déploration d'une disparition et d'une absence :

« Ailleurs, bien loin d'ici ! trop tard ! **jamais** peut-être ! »

Interpellant en vain l'ombre qui est passée, le poète ne peut que murmurer la défaite de son désir, circonscrit désormais à la fragilité d'une nostalgie et d'une virtualité :

« Ô toi que j'eusse aimée, ô toi qui le savais ! »

Et dans ces rues de Paris où son ami Nerval s'est pendu, il pourrait psalmodier à son tour le refrain d'« El Desdichado » :

« Je suis le ténébreux, le veuf, l'inconsolé... »

« Le Crépuscule du soir » (XCV), « Le Crépuscule du matin » (CIII)

Les deux « Crépuscules » forment, à huit poèmes d'intervalles, un diptyque particulièrement intéressant, qui conduit de la tombée de la nuit au lever du jour le mouvement de mise à nu des sombres évidences de l'âme. Ces deux poèmes sont anciens, voire très anciens, dans la production de l'auteur des *Fleurs du mal* :

– « Le Crépuscule du soir » (publié en 1852) ouvre le cycle nocturne des « Tableaux parisiens ». Il a été écrit à un moment où le poète publiait une étude enthousiaste sur le chansonnier d'inspiration républicaine et socialiste Pierre Dupont (1821-1870), auteur du célèbre « Chant des ouvriers », cet « admirable cri de douleur et de mélancolie ». Il fera l'objet, douze ans plus tard dans les poèmes du *Spleen de Paris*, d'une nouvelle version en prose.

– « Le Crépuscule du matin » (un des plus anciens poèmes écrits par Baudelaire) clôt, lui, l'ensemble de la deuxième section des *Fleurs du mal* par une aurore glaciale dont l'apparition justifie à elle seule le réconfort chaleureux attendu dans la troisième partie consacrée aux poèmes du « Vin ».

Décors crépusculaires...

« Crépuscule du soir » ou « Crépuscule du matin », ces deux poèmes valent d'abord par la qualité et la richesse picturales de leurs décors et atmosphères. Derrière les invocations convenues au « soir charmant » ou au « vent du matin », Baudelaire, sur un mode qu'on pourrait qualifier de **réalisme fantastique**, donne à éprouver le spectacle grandiose et confus de « la cité de fange ». Spectacle des rumeurs et des bruits inquiétants :

> « On entend çà et là les cuisines siffler,
> Les théâtres glapir, les orchestres ronfler » (XCV) ;
> « Comme un sanglot coupé par un sang écumeux
> Le chant du coq au loin déchirait l'air brumeux. » (CIII)

Spectacle encore des visions menaçantes d'un horizon urbain carcéral quand « le ciel / Se ferme lentement comme une grande alcôve » (XCV), ou d'une solitude glaciale quand

> « L'aurore grelottante en robe rose et verte
> S'avançait lentement sur la Seine déserte... » (CIII)

...et créatures crépusculaires

Mais plus que les lieux ou les moments du Paris crépusculaire, ce sont les hôtes inattendus, méconnus ou ignorés de ces heures de claustration et de médiocrité qui fascinent le poète « complice » autant que spectateur. Les deux « Crépuscules » offrent à cet égard la galerie la plus complète des frères en « guignon » de Baudelaire, de ces « paumés » de la nuit tombante ou du petit matin, de ces marginaux de l'existence et de la société qu'une même errance rapproche et disperse :

– **le « criminel** » et « les voleurs qui n'ont ni trêve ni merci » (XCV) ;

– **les putains**, à l'heure où « la Prostitution s'allume dans les rues » (XCV), et quand se couchent « les femmes de plaisir, la paupière livide » (CIII) ;

– **les malades**, quand « l'hopital se remplit de leurs soupirs » (XCV), « et les agonisants dans le fond des hospices » (CIII) ;

– enfin et surtout, dans un symbolique chassé-croisé au sortir du grand jeu de la nuit, « **l'ouvrier** courbé qui regagne son lit » (XCV) et « **les débauchés** [...], brisés par leurs travaux » (CIII). Ce dernier croisement, sans échange, des héros du monde moderne, l'ouvrier de retour de sa besogne, le dandy de retour de sa débauche, donne la pleine mesure de cette « lugubre harmonie » de la nuit parisienne qu'illustrera superbement « Le Crépuscule du soir » des *Petits Poèmes en prose* : « À travers les nues transparentes du soir, un grand hurlement, composé d'une foule de cris discordants, que l'espace transforme en une lugubre harmonie, comme celle de la marée qui monte ou d'une tempête qui s'éveille. »

« Rêve parisien » (CII)

Daté de 1860, « Rêve parisien » est, comme précédemment « Le squelette laboureur » (XCIV), un poème construit en une série de quatrains d'octosyllabes. Dédié au dessinateur et aquarelliste Constantin Guys* (1805-1892), qui sera aussi le dédicataire du *Peintre de la vie moderne* rédigé la même année, ce texte est très déséquilibré dans sa structure en deux parties : la première, forte de douze strophes, laisse se répandre les images picturales et architecturales d'un « terrible paysage » onirique, opposable dans toutes ses composantes à la médiocrité du quotidien ; la seconde, aussi intense que brève (deux quatrains seulement), dit la brutalité désenchantée du retour au « triste » réel.

« Féeries », « prodiges » et « merveilles »

« Rêve parisien » paraît trouver son origine dans le simple « sommeil [...] plein de miracles » (v. 5), générateur d'« images » (v. 3) et de « spectacles » (v. 7) dont on peut opérer au « matin » (v. 3) la remémoration. Mais les **connotations oniriques** de tout le texte semblent bien accompagnées également d'**éléments hallucinatoires**, comme si la drogue (l'opium) avait aussi encouragé la dynamique du songe naturel. Le « terrible paysage » du vers 1 renvoie sans doute à cette dualité d'origine (comme dans « La Chambre double » du *Spleen de Paris*) que l'on retrouvera dans le dernier quatrain de la première partie, soulignant la « terrible nouveauté » (v. 50) du « silence d'éternité » (v. 52) des « tableaux » (v. 10) qui viennent de défiler au fil de la mémoire et de l'écriture.

Ces « tableaux » – dont le poète se déclare à la fois le « peintre » (v. 9) et l'« architecte » (v. 37) – décrivent un univers singulier dont les composantes élémentaires, plastiques ou monumentales n'ont plus grand chose à voir avec celles du Paris des poèmes précédents :

– un élargissement et une multiplication des perspectives de la représentation, jusqu'à donner l'impression d'un **tournis visuel** que traduit bien le lexique verbal du poème : « tombant », « se suspendaient », « s'entouraient », « s'épanchaient », « reflétaient », « versaient », « enchâssait », etc. Cette désorganisation/réorganisation de la géographie traditionnelle de la grande ville ne peut que faire songer à ce que deviendront plus tard, sous la plume du Rimbaud des *Illuminations*, les décors hallucinés ou introuvables de ses « Villes », « Promontoire » ou autre « Métropolitain » ;

– une **dénaturation** de ce même espace par le retranchement des éléments originellement naturels, comme « le végétal [...] banni » (v. 8), au profit des matériaux d'une froide modernité comme le métal (v. 12, 16, 20), le minéral (v. 12, 29, 39) ou le verre (v. 31, 36, 39) ;

– une permanente **immersion purificatrice** enfin de ces matériaux dans une eau cathartique omniprésente (v. 12, 15,

17, 22, 25, 30, 34, 40, 43), comme si le poète avait voulu laver sans fin ce paysage pour l'épurer de toute matérialité et l'amener à l'absolue transparence de la lumière et du « cristal » (v. 41-44).

Une des dernières proses du *Spleen de Paris*, « Anywhere out of the world », reprendra plus tard cette **utopie** d'un paysage dénaturalisé jusqu'à « l'enivrante monotonie », quand le poète se prendra à rêver d'une insolite Lisbonne : « Cette ville est au bord de l'eau ; on dit qu'elle est bâtie en marbre, et que le peuple y a une telle haine du végétal, qu'il arrache tous les arbres. Voilà un paysage selon ton goût ; un paysage fait avec la lumière et le minéral, et le liquide pour les réfléchir ! »

« L'horreur de mon taudis... »

Voyage onirique, halluciné et initiatique, qui anticipe également la folle escapade du « Bateau ivre » de Rimbaud dans un univers aquatique sans repères ni garde-fou, « Rêve parisien » dit finalement la précarité de ce monde d'images et de mots dès que se brise ou s'épuise (ici avec le retour du jour) la dynamique effrénée du songe.

Entre les première et seconde parties du poème, nulle continuité mais simplement l'évidence d'un constat : « le triste monde engourdi » (v. 60) aura toujours raison des « mouvantes merveilles » (v. 49) de la création. En huit vers, tout l'édifice « surnaturaliste », conquis contre l'opacité et la matérialité du monde naturel et urbain, cède devant le retour irrépressible de la durée spleenétique (« la pendule funèbre »). Dans un ultime et paradoxal retournement, c'est le jour de « midi » – négation de la nuit lumineuse – qui vient endeuiller et assombrir, avec des allures d'apocalypse, le quotidien du poète :

« Et le ciel versait des ténèbres
Sur le triste monde engourdi. »

TROISIÈME PARTIE : « LE VIN »

DESCRIPTIF

Dans l'édition de 1857, cette partie était la quatrième du recueil ; elle s'insérait entre l'échec de la « Révolte » (III) et l'appel à « La Mort » (V) comme une dernière tentative et tentation de trouver sur cette terre de « misère » et d'« horreur » un « refuge » et un réconfort.

L'édition de 1861 replace cette troisième section juste après celle des « Tableaux parisiens » (III) dont le promeneur, bientôt en quête des « *Fleurs du mal* » (V), s'assure ici une courte halte d'ivresse et de consolation. Cette partie, l'une des plus brèves du recueil, comporte cinq poèmes numérotés de CIV à CVIII : « L'Âme du vin », « Le Vin des chiffonniers », « Le Vin de l'assassin », « Le Vin du solitaire » et « Le Vin des amants ».

COMMENTAIRE

« L'Âme du vin » (CIV), ferment de la poésie

Ce premier poème de la section est fort ancien. Il a été écrit par Baudelaire avant 1844, publié en 1850 et retravaillé dans l'essai de 1851 intitulé *Du Vin et du Haschisch*. Le poète y fait réciter par la « végétale ambroisie » elle-même « un chant plein de lumière et de fraternité » (v. 4). Lumière et « chaleur » du « soleil cuisant » de sa maturation ; fraternité de la « sueur » et du « labeur » de son élaboration : c'est le double travail patient et fructueux que le vin paie en retour de sa générosité riante et fortifiante (v. 9-10 et 19-20).

Non seulement cette « liqueur » bénéfique, brisant elle-même sa « prison de verre » (v. 3), fait tomber les murs de la solitude individuelle au profit de la chaleureuse « fraternité » des buveurs, mais elle promet encore (v. 21-24), comme le redira en des termes proches l'essai de 1851, la divine surprise d'une poésie provisoirement régénérée : « Je serai le grain qui fertilise le sillon douloureusement creusé. Notre intime réunion créera la poésie. À nous deux nous ferons un Dieu, et nous voltigerons vers l'infini... »

Frères en ivresse

Les deux poèmes suivants (« Le Vin des chiffonniers », daté de 1857, et « Le Vin de l'assassin », publié en 1848 dans *L'Écho des Marchands de Vin*, avant d'inspirer à Baudelaire un drame inachevé, *L'Ivrogne*), introduisent les figures surprenantes de ces « frères en ivresse » que permet de rencontrer la convivialité du vin.

« De tous ces vieux maudits qui meurent en silence » (C.V.), le chiffonnier et l'assassin sont en effet les « compagnons » du poète les plus symboliques de cette **confraternité** dans une ivresse capable d'endormir ou d'« abrutir » le poids de la misère ou celui du mal. Déjà, dans « Spleen et idéal » (voir p. 54), un poème comme « Le Poison » reconnaissait au vin le pouvoir de « revêtir le plus sordide bouge / D'un luxe miraculeux ». Ici le chiffonnier, livré à « l'étourdissante et lumineuse orgie » de l'alcool, l'assassin exalté par ses « noirs enchantements », ou le solitaire chantant « ce trésor [...] qui nous rend triomphants et semblables aux Dieux ! », font tous l'expérience de cette impression de libération et de puissance quasi démiurgique que procure le vin aux damnés de l'existence et aux bannis de la société.

Une nouvelle « invitation au voyage »

« Le Vin des amants », bref sonnet en octosyllabes qui clôt cette partie, donne pourtant une dimension nouvelle à l'éloge de ce « paradis artificiel » des pauvres et des paumés. S'adressant, comme dans « L'Invitation au voyage » (voir p. 57) à une compagne idéale, à la fois amante, « ange » (v. 5) et « sœur » (v. 12), le poète, dans un superbe élan métaphorique, se prend à rêver d'un rôle proprement « créateur » de l'ivresse, cueillie et partagée sur les lèvres de la femme comme une promesse d'**élévation** et de « paradis » (v. 14).

Loin du simple constat de la beuverie populaire bénéfique, il s'agit ici d'un hymne à la vertu poétique de l'ivresse qu'exaltera la prose d'« Enivrez-vous » dans le *Spleen de Paris* : « Il faut toujours être ivre. Tout est là : c'est l'unique question. Pour ne pas sentir l'horrible fardeau du Temps qui brise vos épaules et vous penche vers la terre, il faut vous enivrer sans trêve. Mais de quoi ? De vin, de poésie ou de vertu, à votre guise. Mais enivrez-vous. »

« L'ivresse de l'art, ajoutera Baudelaire dans la pièce XXVII de ces mêmes *Petits Poèmes en prose*, est plus apte que toute autre à voiler les terreurs du gouffre. » Autrement dit, le vin et ses effets ne sont plus ici que la métaphore, et non le déclencheur, de la fièvre de l'inspiration créatrice en quête d'« un ciel féerique et divin » (v. 4). Mais cet élan et cet envol dont le vin est la métaphore peuvent hélas retomber cruellement. Le blanc qui sépare cette partie de la suivante nous le donne à éprouver, et le titre de celle-ci, « Fleurs du mal », offre de sombres perspectives. Comme l'écrit joliment Yves Charnet, « la magie rouge du vin est impuissante contre les ravages de la bile noire. Le crépuscule du matin rend le duo amoureux à son duel dégrisé. Le poète à sa solitude. Et la poésie au Mal. »

QUATRIÈME PARTIE : « FLEURS DU MAL »

DESCRIPTIF

Dans l'édition de 1857, cette partie, dont le titre est aussi celui du recueil tout entier, comprenait douze poèmes que le critique Albert Thibaudet appelait, en raison de leur thématique, « les douze apôtres du diable ». Trois pièces furent condamnées lors du procès intenté à Baudelaire qui conserva donc seulement neuf textes dans la réédition de 1861, numérotés de CIX à CXVII : « La Destruction », « Une Martyre », « Femmes damnées », « Les deux bonnes sœurs », « La Fontaine de sang », « Allégorie », « La Béatrice », « Un Voyage à Cythère » et l'insolite apologue de « L'Amour et le crâne ».

Si le projet du poète était bien d'« extraire la beauté du Mal », et si, comme il l'écrivait dans ses *Notices sur Poe*, « nous sommes tous nés marqués pour le mal », nous sommes donc ici au cœur de sa démarche exploratoire pleine de souffrance. « Le poète, écrivait à cet égard Gabriel Bounoure, ne peut se dispenser d'entrer dans le fantastique réel de la vie et dans l'abîme social. Il se fait un devoir d'affronter la réalité mystérieuse du Mal [...]. Il frissonne d'horreur, en même temps qu'il éprouve une attirance invincible pour ce fond noir du malheur et de la faute, traversé quelquefois d'étranges enchantements. »

COMMENTAIRE

L'Enfer du désir ou le « rouge » et le « noir »

Le sonnet « La Destruction » qui ouvre cette partie fait succéder brutalement à la « sœur » angélique de « La Mort des amants » le « frère » vicieux et féroce que promettait déjà l'adresse « Au Lecteur » :

« Sans cesse à mes côtés s'agite le Démon ».

Menant la danse macabre du Mal, **le Diable**, sinistre rôdeur « des plaines de l'Ennui », entraîne le poète dans une logique perverse en l'emplissant « d'un désir éternel et coupable ». Car, dans cette séquence, le désir, aux visages successifs de « bonnes sœurs » débauchées, de « femmes damnées » ou de Vénus criminelle, n'est plus rien d'autre qu'une affaire de destruction, de barbarie et de cruauté.

« **Une Martyre** » (CX), inspiré d'un tableau représentant le corps désirable d'une femme sauvagement et sadiquement décapitée par son amant, exprime ainsi l'abominable frénésie de « la meute altérée / des désirs errants et perdus » (v. 43-44), tout en s'interrogeant sur l'atroce satisfaction du meurtrier pervers :

> « Combla-t-il sur ta chair inerte et complaisante
> L'immensité de son désir ? » (v. 47-48)

Amour coupable, amour violent, nourri et dévoré à la fois par « la conscience du Mal », la passion devient ainsi dans « Fleurs du Mal » cet état extrême des pulsions immaîtrisées, cet **Eros fatal** et morbide que les Anciens avaient identifié dans le duo mythique d'Eros et Thanatos.

Amour noir donc, avec son cortège de violences ténébreuses et vénéneuses, mais **amour rouge** aussi avec les fleuves de sang qui irriguent toute cette séquence : « sang rouge et vivant, dont la toile s'abreuve » dans « Une Martyre », épanchement sanguin ininterrompu de « La Fontaine de sang » (CXIII), « partout colorant en rouge la nature », sang « éparpillé en l'air » de « L'Amour et le Crâne » (CXVII), ou encore destruction rageuse « dans tous les coins saignants de cette pourriture » que conte « Un Voyage à Cythère »... La poésie de Baudelaire, naguère aux couleurs des rouges baisers ou des rouges nectars, paraît désormais s'abîmer dans le rouge cauchemar d'une écriture rythmée par les jets furieux de ce qu'on pourrait appeler « un sang d'encre ».

« Un Voyage à Cythère » (CXVI) : de la « fête » au « dégoût »

Le plus long et le plus puissant poème de cette partie, avec ses quinze quatrains d'alexandrins, reprend toute cette thématique morbide et cruelle au fil d'une **confession** qui épouse à nouveau la forme d'un **voyage**, imaginaire et mythologique, au pays de l'amour et du crime. La structure tripartite du récit en est simple : débarquant en songe sur l'île de Vénus, le poète s'interroge sur la « singulière » nature du lieu (v. 1-24) ; d'abord étonné, puis effaré par l'atroce spectacle du « gibet », il doit se rendre à la monstrueuse vérité (v. 25-40) dont la macabre évidence anéantit toute idée de bonheur et plonge son « cœur » et son « corps » dans un abîme de « dégoût » (v. 41-60).

Lui qui rêvait de l'« Eldorado banal de tous les vieux garçons » (v. 7) et de la « belle île aux myrtes verts, pleine de fleurs écloses » (v. 13), il a découvert un paysage d'horreur et une scène de terreur que décrivent des images parmi les plus vigoureuses des *Fleurs du mal*, comme en témoigne le neuvième quatrain :

> « Les yeux étaient deux trous, et du ventre effondré
> Les intestins pesants lui coulaient sur les cuisses,
> Et ses bourreaux, gorgés de hideuses délices,
> L'avaient à coup de bec absolument châtré. »

Confrontés à de tels vers nous sommes à la fois plongés dans l'univers de la **cruauté** la plus totale – aussi inattendue qu'absolue – et dans celui d'une poésie de l'angoisse jusqu'à l'effroi, du **dégoût** de soi et du monde jusqu'à une nausée proche de l'insupportable et de l'indicible. La prière, in extremis, dans le dernier distique du poème, semble vouloir exorciser cette fatalité du Mal :

> « Ah ! Seigneur ! donnez-moi la force et le courage
> De contempler mon cœur et mon corps sans dégoût ! »

Elle sera pourtant balayée, comme la prière « gémissante » (v. 14) de « L'Amour et le crâne », par le souffle narquois du « Monstre assassin » (v. 19). Que reste-t-il alors au poète quand il sent « comme un vomissement, remonter vers [ses] dents / le long fleuve de fiel des douleurs anciennes » ? Rien d'autre que le cri, le blasphème et l'imprécation, en un mot la « Révolte ».

CINQUIÈME PARTIE : « RÉVOLTE »

DESCRIPTIF

L'avant-dernière partie de l'itinéraire des *Fleurs du mal* est aussi la plus brève, puisqu'elle ne comprend que trois poèmes qui sont en revanche tous trois parmi les plus longs du recueil : « Le Reniement de Saint-Pierre » (CXVIII), « Abel et Caïn » (CXIX) et « Les Litanies de Satan » (CXX).

Dans l'édition de 1857, au début de la séquence, on pouvait lire cet « avertissement » : « Parmi les morceaux suivants, le plus caractérisé [il s'agit du « Reniement »] a déjà paru dans un des principaux recueils littéraires de Paris, où il a été considéré, du moins par les gens d'esprit, que pour ce qu'il est véritablement : le pastiche des raisonnements de l'ignorance et de la fureur. Fidèle à son douloureux programme, l'auteur des *Fleurs du mal* a dû, en parfait comédien, façonner son esprit à tous les sophismes comme à toutes les corruptions. Cette déclaration candide n'empêchera pas sans doute les critiques honnêtes de le ranger parmi les théologiens de la populace... »

Sincérité ou comédie ? Farce dérisoire ou désespoir blasphémateur ? « Révolte » invite en tout cas le lecteur – « hypocrite », « semblable » et « frère » du poète – à faire le dernier pas sur le chemin de l'accomplissement protestataire ouvert par les grandes figures de la mythologie biblique que sont Satan et Caïn.

COMMENTAIRE

Reniement et blasphèmes

« Anathèmes » et « blasphèmes », le premier duo de rimes du « Reniement de saint Pierre », indique clairement la première voie de la « Révolte » : protester contre la tyrannie cruelle du Dieu-Père insouciant de la misère de ses enfants, à commencer par celle du premier d'entre eux, son fils Jésus, la part de lui-même abandonnée à la souffrance et à la mort.

En reprenant la figure mythique du Christ trahi et supplicié (que Vigny met en scène au même moment dans ses *Destinées*), Baudelaire réussit un superbe **tableau baroque** où le corps de l'Homme-Dieu est « devant tous posé comme une cible » (v. 20), victime offerte à « la crapule » comme naguère « l'albatros » céleste. Mais cette fois l'indignation confine au désespoir tragique : corps écartelé de « sang » et de « sueur », « corps brisé » et « bras distendus », Jésus devient paradoxalement, par le sacrifice de la Croix, la silhouette emblématique de la dérision du sacré et du divin. Dans le scandale de l'agonie du Fils, c'est la part divine de l'Homme qui est définitivement bafouée par la narquoise indifférence du Dieu-Père qui, « comme un tyran gorgé de viande et de vins [...] s'endort au doux bruit de nos affreux blasphèmes ».

Cet oxymore* insolite du vers 4 traduit bien le trouble mélange de ferveur et d'impiété qui caractérise le blasphème final du poète : « Saint-Pierre a renié Jésus... il a bien fait » (v. 32). Pour sortir « d'un monde où l'action n'est pas la sœur du rêve », selon le fameux vers 30, il ne reste à Baudelaire le révolté, désespérant à jamais du salut, qu'à se tourner vers les grands héros protestataires déjà célébrés par toute une tradition littéraire : Caïn et Satan.

Révolte et révolution

« Abel et Caïn », écrit en 1857 quand le poète se disait tout épris du « goût infini de la République », reprend ainsi le personnage d'un de ces grands maudits réhabilités déjà par l'idéologie des Lumières ou du romantisme insurrectionnel. Contre la « race » complaisante d'Abel, Baudelaire, dans une suite de distiques psalmodiés, invoque la race vengeresse de Caïn comme symbole du sursaut et de la revanche d'une humanité populaire capable d'inverser les voies du sacrifice :

> « Race de Caïn, au ciel monte,
> Et sur la terre, jette Dieu ! »

Jeter Dieu à terre à défaut de conquérir le paradis ! Provoquer et renverser le Tout-Puissant à défaut de jouir soi-même du pouvoir, voilà le nouveau credo de celui qui, dans **« Les Litanies de Satan »**, semble opérer une ultime conversion, se vouer à la glorification du dieu de l'Enfer et à sa force destructrice, subversive et révolutionnaire autant que révoltée.

Le Diable célébré par Baudelaire devient ici le saint patron vénéré de tous les parias entrevus dans ces deux dernières parties des *Fleurs du mal* : ouvriers, pauvres, débauchés, lesbiennes, noctambules et ivrognes. La poésie, rythmée comme une litanie ou comme un slogan, balbutie la prière sacrilège de tous ces « somnambules du Mal » qui sont autant de « damnés de la terre » :

« Ô Satan, prends pitié de ma longue misère ! »

Cette **messe noire** de « Révolte » se clôt d'ailleurs sur un sizain explicitement intitulé « Prière » où le poète trace l'horizon d'un paradis aux couleurs « De l'Enfer, où, vaincu tu rêves en silence ! » (v. 48). Avant le Rimbaud d'*Une saison en enfer* et ses « horribles travailleurs », avant le Lautréamont des infernaux *Chants de Maldoror* ou les imprécations de surréalistes comme Antonin Artaud, Baudelaire avance ainsi l'hypothèse de la fatalité de la poésie moderne comme **descente aux enfers** de la souffrance, de la solitude, de la folie, et de la mort bien sûr dont il lui reste à conter l'ultime utopie.

SIXIÈME PARTIE : « LA MORT »

DESCRIPTIF

Dans l'édition de 1857, trois sonnets écrits avant 1852, (« La Mort des amants », « La Mort des pauvres » et « La Mort des artistes ») clôturaient le livre par un triptyque homogène et plein d'espérance en un salut par-delà l'existence maudite. En ajoutant en 1861 trois nouvelles pièces numérotées de CXXIV à CXXVI (« La Fin de la journée », « Le Rêve d'un curieux » et le très long « Voyage »), Baudelaire a pour le moins gommé le caractère sinon rassurant, du moins apaisant, de la « fin » initiale au profit d'une issue plus problématique et peut-être plus inquiète vers une forme d'au-delà qui ressemble au néant...

« Baudelaire, écrit ainsi le poète contemporain Yves Bonnefoy dans *L'Improbable et autres essais*, a choisi un chemin fatal, un chemin qui aille à la mort. C'est une suite d'événements décisifs, et l'un par l'autre obligés, dont chacun hâte la mort. Sur cette voie qui s'éloigne, la maladie contractée et les dettes, les contraintes morales voulues très dures, le procès, etc. sont figures de décadence [...]. Baudelaire a choisi la mort, et que la mort grandisse en lui comme une conscience, et qu'il puisse connaître par la mort. Décision sévère, sacrificielle. »

COMMENTAIRE

Un recueil habité par la mort

Si elle donne son titre à la sixième et dernière partie des *Fleurs du mal*, la mort n'est évidemment pas un simple thème qui surgirait dans l'œuvre de Baudelaire quand tous les autres sont épuisés ou dépassés. Dernier recours, dernier pari, dernière utopie, la mort, comme l'écrit Guy Michaud, est aussi et surtout « l'inconscient qui obsède » l'écrivain au point d'être présent en filigrane, nous l'avons vu, dans chacune des parties du recueil.

Dès l'origine, l'univers baudelairien est hanté par des images d'agonie et de décomposition de tout ce qui en lui est Nature et donc mortel. Point d'anéantissement, point d'abîme, la mort est de la sorte aussi le point de vue permanent des choses, des êtres du monde et de l'histoire dans leur mouvement de dégénérescence et de destruction. C'est vrai bien sûr de ces « charognes », « squelettes » et autres « cadavres » qui habitent et jalonnent l'écriture comme ils le faisaient dans l'esthétique allégorique du Moyen-âge ou dans les productions du **romantisme noir** des Petrus Borel, Henri Murger ou autres Xavier Forneret. C'est vrai aussi de ces « sépultures », « cimetières » et « danses macabres » dont la présence rythme souvent le recueil sur le tempo sinistre d'une marche funèbre où dérivent les destins individuels et les débâcles collectives ; ainsi le cortège « apocalyptique », est-il décrit dans « Une Gravure fantastique » (LXXI) où l'humanité entière défile vers

> « Le cimetière immense et froid, sans horizon,
> Où gisent, aux lueurs d'un soleil blanc et terne,
> Les peuples de l'histoire ancienne et moderne. »

C'est vrai enfin et surtout de ces autres « tombeaux » qui, au fil des poèmes, créent comme une sorte de pôle d'aimantation attirant la chair et la conscience, l'Art et la Vie, l'autre et soi-même. C'est la tombe du « Mort joyeux » (LXXII) où les vers rongeurs riment avec ceux de la poésie ; c'est celle de « Chant d'automne » (LVI) qui « attend [...] avide ! » sa proie ; c'est, plus significativement encore, celle de la « belle ténébreuse » dédicataire de « Remords posthume » (XXXIII) et de son amant pour qui « le tombeau » devient « confident de [son] rêve infini » car, ajoute-t-il, « le tombeau toujours comprendra le poète... »

De cette mort qui l'habite comme un cauchemar et une obsession, Baudelaire, dont on sait qu'il aimait « fouiner » chez les bouquinistes des bords de Seine pour dénicher d'horribles gravures de squelettes, a donc fait le premier personnage de sa poésie : cette « coquette maigre aux airs extravagants » et « aux funèbres appas » mène d'un bout à l'autre le bal de ses fantasmes et de ses angoisses.

De la tombe à l'outre-tombe

Pourtant, c'est vrai, les derniers poèmes des *Fleurs du mal* semblent vouloir gommer les images cauchemardesques et les songes morbides qui ne l'ont jamais quitté dans son parcours d'un quotidien moribond quand il n'était pas macabre. À l'évocation de l'irréversible processus de dégénérescence et d'enterrement des choses et des êtres, les poèmes de la sixième section du recueil n'opposent-ils pas les images contraires d'un **outre-tombe** qui serait aussi un **anti-monde** vengeur des frustrations et humiliations d'ici-bas ?

Est-ce le christianisme de Baudelaire, dont l'orthodoxie est pour le moins discutable, ou est-ce plutôt sa confiance de créateur qui le conduisent à concevoir dans l'infinitude de l'au-delà ce que la finitude de l'ici et du maintenant lui a toujours refusé ? Dans tous les cas, la poésie de la mort se prolonge bien chez lui en une **poétique de la mort**, seule capable de résoudre peut-être les contradictions de l'existence éprouvées comme insurmontables.

Le premier titre retenu par le poète pour son recueil était à cet égard significatif : *Les Limbes*. Ni enfer de damnation, ni paradis impossible, les limbes, éternité d'innocence et de quiétude post-mortem, sont le contraire même de l'espace décevant du quotidien. Pourquoi Baudelaire, outre les pressions de ses amis, n'a-t-il pas conservé ce titre séduisant ? Sans doute parce qu'il ne répondait encore qu'en partie à l'image complexe de l'outre-tombe rêvé. Les limbes, c'est trop ou pas assez. Trop, parce que les connotations vertueuses et cathartiques du terme ne rendent pas compte des rêveries matérielles, voire sensuelles, que l'homme continue d'investir dans la mort. Pas assez, parce que l'aspect apaisant, quasi léthargique des limbes dissimule totalement le grand désir du poète de vivre sa mort comme un fantastique et énergétique « voyage » vers l'Inconnu.

Trois « morts » pour « un soleil nouveau »

Le beau triptyque de sonnets (CXXI, CXXII, CXXIII) par lequel s'achevait la première édition des *Fleurs du mal* exalte la promesse salvatrice et rédemptrice de la Mort. Le premier des trois poèmes, « **La Mort des amants** » (daté de 1851), a la particularité d'être écrit en décasyllabes. Le futur de décision et d'anticipation certaine qui commande son système verbal laisse entrevoir, sur fond d'érotisme funèbre, l'idéalité retrouvée d'un duo amoureux qui serait passé de l'autre côté du « miroir » de l'existence spleenétique (v. 13-14). Sur le fond d'un décor à la gamme chromatique parfaite (« Un soir fait de rose et de bleu mystique »), le couple baudelairien se recompose pour l'éternité dans la posture nouvelle d'une gémellité sensuelle et spirituelle (v. 8) qui dépasserait les contradictions si longtemps décrites dans le quotidien des passions avortées ou insupportables.

En même temps, le sonnet paraît apporter une réponse à la question même de la poésie telle que la posait « L'Ennemi » (X) quand l'écrivain, rongé par le Temps destructeur, doutait de tout, y compris de la force de son écriture et de son imaginaire :

> « Et qui sait si les fleurs nouvelles que je rêve
> Trouveront dans ce sol lavé comme une grève
> Le mystique aliment qui ferait leur vigueur ? »

Dans le giron protecteur du « tombeau » matriciel, la certitude revient, radieuse et triomphante :

> « Nous aurons [...]
> Et d'étranges fleurs sur des étagères,
> Écloses pour nous sous des cieux plus beaux » (v. 3-4).

La même métaphore des « fleurs retrouvées », des « fleurs du mal » sublimées en fleurs d'espérance et d'éternité, était d'ailleurs l'ultime message du recueil de 1857 quand le dernier distique de **« La Mort des artistes »** ouvrait le livre sur l'horizon d'une germination florale et onirique :

> « C'est que la Mort, planant comme un soleil nouveau
> Fera s'épanouir les fleurs de leur cerveau ! »

Le mysticisme et le spiritualisme du poète, chantés comme un « credo » litanique dont le dernier tercet de **« La Mort des pauvres »** donnait la pleine mesure (« C'est la gloire des Dieux, c'est le grenier mystique... / C'est le portique ouvert sur les Cieux inconnus ! »), se conjuguent ici avec une ferveur proprement esthétique. Les artistes maudits, les « sculpteurs damnés » et tous ceux que la société haineuse et jalouse a « marqués d'un affront » (v. 10) se voient promis à l'apothéose lumineuse d'« un soleil nouveau », naguère entrevu dans la rédemption solaire cathartique de la fin du « Balcon » (voir p. 43). « Auberge fameuse » et réparatrice de toutes les privations physiques (« manger », « dormir », « s'asseoir »), la Mort et son « mystique aliment » devient surtout la grande Mère génitrice de poésie et de beauté dont la générosité et la fructosité répondent enfin à la malédiction de la « mère épouvantée et pleine de blasphèmes » du premier poème du recueil (« Bénédiction »), quand elle hurlait ses anathèmes castrateurs :

« Et je tordrai si bien cet arbre misérable
Qu'il ne pourra pousser ses boutons empestés ! »
(v. 15-16)

« Le Voyage » (CXXVI)

Le dernier poème de l'édition de 1861, « Le Voyage » (terminé à Honfleur en 1859 et rajouté au recueil en même temps que « La Fin de la journée » et « Le Rêve d'un curieux » dédié au photographe Félix Nadar), se conclut également, comme « La Mort des artistes », par la rime « cerveau / nouveau ». Cette répétition stylistique va pourtant bien au-delà d'une simple répétition thématique comme le montre l'analyse de ce très long texte en 8 parties, qui est à lui seul un itinéraire dans l'itinéraire, un voyage dans le voyage, dont on peut ainsi résumer les « étapes » :

– vers 1 à 24 : la vie est un « voyage » où tous sont « embarqués » avec leurs rêves et leurs ambitions, leurs espoirs et leurs déceptions.

– vers 25 à 48 : « voyageurs » motivés ou « vagabonds » sans but, nous errons tous sur cet « océan » de l'existence, ballotés par les mirages menteurs du monde, heurtant sans cesse nos rêves d'« Eldorado » ou de « paradis » contre les écueils des « taudis ».

– vers 49 à 57 : le poète, feignant l'innocence d'un enfant, réclame alors aux « étonnants voyageurs » le récit de leurs « riches mémoires » et exige d'eux la confession de leurs « souvenirs » : « Dites, qu'avez-vous-vu ? »

– vers 57 à 83 : les premiers questionnés racontent « la gloire » des spectacles les plus somptueux, la « féerie » des « croquis » les plus insolites de « tout ce qui vient de loin » pour combler les désirs et tromper « l'ennui ».

– vers 84 : mais le poète-enfant, têtu dans son questionnement, renouvelle son injonction en un bref hémistiche : « Et puis, et puis encore ? »

– vers 84 à 108 : pour combler cette attente des « cerveaux enfantins » d'autres voix s'élèvent alors pour dire « la chose capitale » : voyager c'est aussi, c'est surtout, parcourir l'enfer du mal sous toutes ses formes (amour perverti, pouvoir scélérat, religions corrompues, révoltes impuissantes, folies et furies, drogues dangereuses). « Tel est du globe entier l'éternel bulletin », conclue enfin le dernier voyageur-chroniqueur.

Il reste alors au poète lui-même, dans les parties VII (vers 109 à 136) et VIII (vers 137 à 144) de son poème, à tirer une leçon de cette chronique-complainte et à décider de son propre destin d'homme et de créateur.

Le procès du voyage

Dans les trois premiers quatrains de la partie VII, Baudelaire reprend ainsi, pour la juger, la thématique du voyage comme vanité : « Amer savoir, celui qu'on tire du voyage ! » (v. 109). Pour fuir sa condition, l'homme a multiplié les escapades vers « l'ailleurs », dans l'espoir d'échapper à lui-même et au fardeau du temps, comme si les dépaysements de l'espace pouvaient compenser « le fardeau » de la durée spleenétique (v. 111 et 116). Mais cette vanité est également **divertissement**, au sens pascalien du terme, mirage imposteur, dans la mesure où la circularité de l'espace renvoie à l'infini l'image du temps corrupteur et maléfique. Ainsi le suggère la mise en abyme spectaculaire de la double métaphore du vers 112, constituant ainsi l'une des plus puissantes images de l'ennui au XIXe siècle :

« Une oasis d'horreur dans un désert d'ennui. »

Continuité et rupture

Si la continuité entre les deux dernières parties du « Voyage » est assurée principalement par la **métaphore filée** de la croisière marine (« yeux au large », « cheveux au vent », « nous embarquerons », puis « vieux capitaine », « levons l'ancre », « appareillons »), une forte rupture semble toutefois isoler les deux quatrains du « finale ».

Dans la partie VII, la mort, comme dans le sonnet CXXII, est encore rêvée et invoquée comme antidote et compensation des manques ou souffrances de l'existence. L'appel chaleureux et séducteur des voix d'outre-tombe (v. 129-135) se présente en effet telle une sorte de réclame de tout ce qui a jusque là fait défaut dans « l'ici-bas ». Mieux même, ce sont pratiquement tous les **paradis artificiels** – naguère si frustrants dans leur précarité et fugitivité – que viennent chanter les voix « charmantes et funèbres » : « le Lotus parfumé », le vin et l'alcool offerts pour l'ivresse (v. 129-131), la femme et ses sortilèges à travers la figure mythologique ambiguë d'Electre, sœur et amante à la fois. Seul changement, mais de taille, avec le catalogue si souvent parcouru de ces « artifices » connus pour n'être que de piètres et provisoires substituts de l'idéalité perdue, Baudelaire les promet, se les promet, cette fois sous le signe de l'éternité « de cette après-midi qui n'a jamais de fin » (v. 133).

Dès lors l'appareillage des huit derniers vers ne se fait pas vers un continent qui serait seulement l'antithèse bénéfique de celui qu'on quitte, mais bien vers une simple ligne d'horizon ou de « fuite », vierge de toute balise connue, de tout repérage cartographique existant. À cet égard l'ultime métaphore, celle du « **gouffre** » (v. 143), est à prendre dans sa vertigineuse acception : non pas creusement, dépression, telle l'inversion d'une surface marine, mais comme une aspiration, un « trou noir », une aimantation vers ce qui n'a encore ni réalité, ni nom : « Au fond de l'Inconnu pour trouver du nouveau ! »

D'un épilogue à l'autre

En 1860, Baudelaire avait travaillé à un autre épilogue, resté à l'état d'ébauche, qui aurait donné à son recueil une perspective et une fin sans doute différentes. Les derniers vers en auraient été :

« Ô vous, soyez témoins que j'ai fait mon devoir
Comme un parfait chimiste et comme une âme sainte...
Car j'ai de chaque chose extrait la quintessence...
Tu m'as donné ta boue et j'en ai fait de l'or. »

Moins optimiste, moins triomphante, la « fin » de 1861 est pourtant sans doute plus profonde et plus problématique. Au terme de son itinéraire, Baudelaire y découvre et affirme l'effarante **vérité poétique de la mort** : tout promettre au risque du Néant, le Nouveau au péril de l'Inconnu. Peu importe qu'il en soit resté « au bord » et ne nous ait pas décrit la plongée

« au fond du gouffre ». Son suicide à lui, c'est le rêve jusqu'au bout, puisqu'aussi bien le songe poétique seul, dans la folle sagesse de son infini déploiement, ménage tous les possibles de l'au-delà.

Baudelaire le patient sait trop qu'il n'est de survie véritable que dans l'imminence d'un désir et d'un projet poétiques, qu'à l'épreuve physique ou métaphysique des « saisons en enfer » – quelque fantastiques ou miraculeuses qu'elles soient – il convient de préférer le vertige de la méditation sans fin. On le verra bien quand, descendus eux « au fond du gouffre », un Rimbaud ou un Lautréamont ne pourront que repousser toujours plus loin les exigences proférées et rêveront d'autres abîmes, d'autres maelströms, au terme de leurs errances infernales.

L'**inconnu** de Charles Baudelaire, comme aujourd'hui le « leurre du seuil » d'Yves Bonnefoy, c'est plus modestement ce silence, ce non-dit, ce repli muet de l'écriture sur lequel se ferme le recueil en s'ouvrant indéfiniment à l'offrande de la lecture.

Synthèse littéraire

L'ITINÉRAIRE DES *FLEURS DU MAL*

Un projet et un programme

Ouvrir les *Fleurs du mal*, c'est entrer dans un espace poétique mesuré, jalonné, balisé, par son inventeur. À plusieurs reprises, la correspondance de Baudelaire traduit son obsession à donner sens et ordre à la matière de son chant aussi foisonnante et déroutante fût-elle à l'origine. Bien sûr, écrit-il, « dans ce livre atroce, j'ai mis tout mon cœur, toute ma tendresse, toute ma religion (travestie), toute ma haine... » Mais précisément, dans cette sorte d'**écorché** poétique d'« un cœur mis à nu »*, l'écrivain veut aussi que nous reconnaissions sa volonté de saisie et d'ordonnancement des drames, extases, blessures ou espérances que l'existence n'a livrés que comme une suite de péripéties « hasardeuses ». Une lettre célèbre, adressée par Baudelaire en 1861 à Vigny*, résume clairement ce souci grandissant chez lui, au fil de l'écriture de textes qui n'étaient pas initialement prévus pour coexister : « Le seul éloge que je sollicite pour ce livre est qu'on reconnaisse qu'il n'est pas un pur album et qu'il a un commencement et une fin. »

Contre les « albums » de type romantique, construits selon le principe d'une chronologie événementielle ou sentimentale souvent plus imaginaire que « vraie » (qu'on songe par exemple aux truquages de datations dans les *Contemplations* de Victor Hugo), Baudelaire revendique donc de plus en plus vigoureusement la notion de « livre », en tant que tout globalement structuré, en tant que projet à découvrir et à parcourir selon un sens bien déterminé. Lors du procès en correctionnelle de l'été 1857, l'avocat du poète, maître Chaix d'Est-Ange, pour répondre aux accusations du procureur Pinard qui dénonçait « l'immoralité » de telle ou telle pièce des *Fleurs du mal*, reprenait à son compte cet argument de la totalité signifiante du livre : « Je répète, plaidait-il, qu'un livre doit être jugé dans son ensemble. À un blasphème, j'opposerai les élancements vers le ciel, à une obscénité des fleurs platoniques. Depuis le commencement de la poésie, tous les volumes de poésie sont ainsi faits. Mais il était impossible de faire autrement un livre destiné à représenter **l'agitation de l'esprit dans le mal**. »

Permanence et modulation d'une architecture

Plus intéressante encore est la présentation définitive par Baudelaire de son « volume » comme un itinéraire supposant « un commencement et une fin ». Le refus du poète, pendant longtemps, de publier séparément ses poèmes prouve bien le rôle déterminant qu'il accordait à leur mise en perspective et l'intention qui fut la sienne de les orchestrer dans un système poétique où le sens sera donné moins par l'évidence que par la « contamination » et le glissement, moins par l'assertion que par le dialogue d'un poème avec un autre, d'un « cycle » de poèmes avec un autre cycle.

Barbey d'Aurevilly* fut sans doute le premier lecteur critique à pressentir le rôle majeur que joue ainsi dans les *Fleurs du mal* ce qu'il appela « une architecture secrète ». « Architecture », le mot n'est pas trop fort puisque, dès la première édition de 1857, le recueil est très explicitement composé et décomposé en une succession de « parties » (cinq initialement : « Spleen et idéal », « Fleurs du mal », « Révolte », « Le Vin » et « La Mort ») qui se donnent pour autant de « lieux » distincts mais solidaires d'un même édifice poétique où le lecteur est invité à entrer. Ni le retrait forcé des « pièces condamnées », ni les ajouts de l'édition de 1861, et notamment la création d'une sixième partie (intitulée « Tableaux parisiens » et qui prendra immédiatement place après le très long premier ensemble de « Spleen et idéal »), ne remettront en cause le « plan » d'origine. Tout au plus contribueront-ils à obscurcir et noircir encore davantage la « terrible moralité » de l'œuvre définitive.

Méfions-nous toutefois des connotations inexactes que pourrait susciter le concept même d'architecture que Barbey d'Aurevilly prenait soin de corriger par l'adjectif « secrète ». Si architecture il y a dans les *Fleurs du mal*, cela ne signifie pas, loin s'en faut, que le sens soit donné en une succession de moments poétiques irréversibles ou soit « figé » en une collection de lieux emblématiques et repérables sur le « cadastre » du livre. Le critique contemporain Léo Bersani nous met ainsi en garde, déclarant n'admettre l'expression d'« ordre architectural » que pour autant que celui-ci soit conçu « comme une somme de parties mobiles », cristallisant un sens toujours « fuyant » au hasard des errances du désir et des fantasmes de Baudelaire. Pour ne pas céder à la tentation d'une lecture « statique » et réductrice de l'œuvre, nous préférerons donc le mot d'« itinéraire » à celui d'« architecture ». Ses connotations dynamiques respectent mieux l'idée de « flânerie » et de « voyage » qui présidèrent à l'élaboration de « ce livre saturnien, orgiaque et mélancolique », comme le décrivait le poète lui-même, qui ne cessa de découvrir que c'est dans la démarche même de l'écriture, dans l'ordre du discours poétique, que se dessine le salut de l'écrivain et que peuvent se recomposer, peut-être, une existence et un monde brisés.

Six étapes pour un itinéraire

Un long poème, intitulé « Au lecteur », ouvre les *Fleurs du mal* auxquelles il sert de préface ou plutôt d'« avertissement ». Baudelaire, en quête d'un lecteur idéal, s'y montre indifférent ou hostile au « lecteur paisible et bucolique » mais soucieux au contraire d'être reconnu, aimé et compris par toute « âme curieuse qui souffre ». D'une intensité dramatique savamment accrue de quatrain en quatrain, ce texte liminaire du recueil culmine en une confidence et une interpellation essentielles. De tous nos maux l'Ennui est le plus pernicieux ; en jouant le jeu de la lecture, le lecteur n'échappera pas à sa monstrueuse étreinte :

« C'est l'Ennui - l'oeil chargé d'un pleur involontaire,
Il rêve d'échafauds en fumant son houka.
Tu le connais, lecteur, ce monstre délicat,
– Hypocrite lecteur, – mon semblable, – mon frère ! »

Avertis, mais également impliqués donc dans cette sorte de confraternité malheureuse et douloureuse, nous pouvons suivre dès lors les étapes d'un voyage poétique dont l'itinéraire égrène, au fil de six parties dans l'édition de 1861, tantôt les obscures souffrances d'un « chemin de croix », tantôt les révélations lumineuses d'un « chemin de Damas » :

• **Première partie : « Spleen et idéal » (poèmes I à LXXXV).**

Sur les 126 poèmes du recueil, 85 sont donc regroupés dans cette seule première grande partie. Cette insistance à explorer la dualité de son être, à dépeindre tous les aspects de « l'homo duplex » qu'il est, s'explique assez par la volonté de Baudelaire de s'analyser et de se comprendre avant d'essayer de se sauver. On ne soigne bien en effet que ce dont on a relevé toutes les manifestations et tous les « symptômes ». Aussi l'artiste accumule-t-il, avant toute tentative de thérapeutique ou d'exorcisme, les mille preuves, aspects et états du mal qui le ronge physiquement, psychologiquement et moralement.

Par-delà ce catalogue, ce kaléidoscope même, de souffrances et d'espérances, de détresses et d'enthousiasmes, c'est la volonté de systématiser, en un conflit aussi évident qu'insoluble, la pluralité des manifestations du mal qui se dégage de ce premier temps du recueil. « Spleen » et « Idéal » sont ainsi les deux clés de l'intelligence du drame baudelairien qui conjugue les verbes essentiels de toute existence : créer, aimer et souffrir. Clés suffisantes puisque chacun des deux concepts, nous l'avons vu au fil des poèmes, épuise en son unicité la diversité des malaises ou bonheurs qu'il désigne ; mais clés insuffisantes aussi puisque jamais l'idéalité ne prend durablement le pas sur la souffrance, et que jamais la souffrance ne décourage définitivement le rêve et l'espoir. En prenant tout son temps pour se peindre au miroir des poèmes, Baudelaire n'échappe pas plus au temps « ruineux » de l'existence qu'il n'accède à l'éternité libératrice. C'est que la description n'est chez lui encore que propédeutique, introduction, aux tentations et initiations qui vont venir dans les parties suivantes.

• **Deuxième partie : « Tableaux parisiens » (poèmes LXXXVI à CIII).**

Première de ces tentations, celle des « Tableaux parisiens », rajoutés à cette place au nombre de dix-sept dans la seconde édition des *Fleurs du mal* en 1861. C'est ici la tentation de la grande ville, de la cité, « cité pleine de rêves », dont Baudelaire est avec Victor Hugo l'un des tout premiers chantres. La ville est à la fois miroir et repoussoir. Avec ses mendiantes, ses passantes, ses vieillards et ses « petites vieilles », elle fascine le poète en lui renvoyant, multipliée et obsédante, l'image de sa propre dégénérescence. En même temps, elle invite le regard à aller au-delà des apparences grotesques ou sordides, à pressentir le mystère derrière le quotidien, le miracle derrière le médiocre.

• **Troisième partie : « Le Vin » (poèmes CIV à CVIII).**

D'une certaine manière, la ville, Paris, était déjà drogue et ivresse même si c'est dans la brève troisième partie du recueil (seulement cinq textes) que Baudelaire a plus explicitement décrit cette autre tentation. Le vin, l'alcool, l'absinthe, et toutes les formes de l'ivresse n'engagent-ils pas l'âme et les sens sur la voie d'un délire qui fait oublier l'infortune de la condition humaine ? Gros rouge du chiffonnier ou « végétale ambroisie » des amants, le vin tente parce qu'il égare, séduit parce qu'il excite, ou tout simplement parce qu'il abrutit et que ses « noirs enchantements », l'espace d'une nuit, font croire qu'on accède au « paradis » perdu qui demeure, en fait, un « paradis artificiel ».

• **Quatrième partie : « Fleurs du mal » (poèmes CIX à CXVII).**

Le vin, c'est aussi le prix qu'il faut payer pour accéder à la troisième tentation, celle des « Fleurs du mal », dans la quatrième partie du recueil qui a donc le même titre que celui du livre tout entier : un titre suggéré assez tardivement à Baudelaire par son ami Hippolyte Babou (en 1855) après que le poète eut d'abord songé à *Les Lesbiennes* (inquiétantes habitantes de l'île grecque de Lesbos) puis à *Les Limbes* (séjour des âmes des justes avant la Rédemption). Dans cette partie placée sous le signe noir d'un Éros cruel, pervers et parfois meurtrier, le poète est confronté au spectacle et aux épreuves du vice et de la corruption. Il faut « donner à boire à ces cruelles filles », s'écrie ainsi celui qui prolonge le cycle infernal de l'ivresse par celui de la débauche. Les « femmes damnées », les nonnes de lupanar, les belles impudiques ne livrent pas pour rien les plaisirs de leur corps et le « Démon » du désir qui s'agite sans cesse en la chair du poète lui impose en effet des sacrifices chaque fois plus pervers et plus honteux.

• **Cinquième partie : « Révolte » (poèmes CXVIII à CXX).** Exaspéré par ce puits sans fond des « paradis artificiels », véritable tonneau des Danaïdes, épuisé sitôt rempli, le poète paraît condamné, dans cette très courte cinquième section de l'ouvrage, à l'impuissance de la « révolte », de l'injure et de l'anathème. Renégat, blasphémateur, dans un désespoir quasi faustien, il semble prêt à l'ultime et suprême tentateur, au dernier recours des damnés, des despérados et des « desdichados » comme disait Gérard de Nerval : Satan. À l'archange déchu mais tout-puissant, à cette grande figure de la marginalité, à ce « prince de l'exil », « Dieu trahi par le sort », il livre son âme en même temps qu'il dédie ses derniers chants devenus d'obsédantes litanies :

« Ô Satan, prends pitié de ma longue misère ! »

• **Sixième partie : « La Mort » (poèmes CXXI à CXXVI).** Est-ce le « christianisme » de Baudelaire, comme certains critiques le prétendent, qui lui a fait préférer pour son livre une autre « fin » que ce scénario de résignation aux puissances du Mal et d'abandon méphistophélien ? Croyons plutôt, une fois encore, en la « ressource » baudelairienne. Si le poète choisit de clore son livre, dans cette sixième partie, par une apologie de « la Mort » plutôt que par une célébration des Enfers qui répondrait à tous les paradis perdus ou impossibles, c'est que la mort et l'au-delà, seuls, peuvent préserver encore l'énergie de ses désirs et de ses rêves. Et ce n'est pas le moindre des paradoxes baudelairiens que de voir les *Fleurs du mal* se terminer sur la fête de cette mort redoutée tout au long des précédentes sections du livre. L'amant, le pauvre, l'artiste, le curieux, le voyageur investissent leurs dernières espérances dans celle qu'ils n'ont pourtant jusqu'ici cessé d'éprouver comme une malédiction et une fatalité. Désirée et entrevue comme une plénitude, rêvée comme une catharsis, une purification absolue, la mort sur laquelle se replient les dernières pages du recueil n'est en effet ni simple fin, ni ruine définitive. La tombe froide et corruptrice paraît pouvoir s'y sublimer en « outre-tombe » de délices, l'instant fatal laisse entrevoir une éternité de béatitude, et le terme du « Voyage » humain n'est que le prémice d'un long pélérinage gracié.

Mais si la mort et l'au-delà sont l'unique et nécessaire porte de sortie des *Fleurs du mal*, pôle d'aimantation de tous les poèmes précédents, tentation et artifice inégalables, où tous les autres viennent s'abîmer, c'est aussi pace qu'ils ne sont Rien. Entendons par là que seule la mort offre à Baudelaire, parce qu'elle est « l'inconnu », un lieu « banalisé » où ses contradictions internes et déchirements intimes n'ont plus de sens et par là même cessent d'exister et de le torturer. Plus que le « nouveau », dernier mot du dernier poème, c'est cet « inconnu », « Enfer ou Ciel qu'importe ? », qui sauve Baudelaire. Parce qu'elle n'est pas « connue », parce qu'elle n'est identifiée à rien, la mort peut tout promettre et peut-être tout donner. On voit ainsi combien est absurde le reproche que certains ne manquent pas de faire à l'auteur des *Fleurs du mal* : s'il trouve la vie si insupportable, s'il rêve tant de la mort libératrice, pourquoi n'est-il pas allé jusqu'au geste libérateur du suicide ? Mais précisément parce qu'il rêve ! Et que le rêve poétique seul ménage tous les possibles de l'au-delà. Baudelaire n'est pas Rimbaud. À l'épreuve physique et métaphysique d'*Une saison en enfer*, Baudelaire le patient préfère le vertige de la méditation sans fin « au bord du gouffre ».

« Une dynamique de tensions irrésolues »

La linéarité de cet itinéraire ne saurait pourtant masquer deux points essentiels à sa compréhension. D'une part, et en dépit des six parties successives, le rythme du livre est ternaire. Le premier temps, correspondant à « Spleen et idéal », est celui du constat, de la description d'un état intenable parce que instable, vacillant entre les caprices d'une sensibilité et les exigences d'une intelligence ou d'une âme. Le deuxième, correspondant aux parties II à V, embrasse tous les « paradis artificiels », depuis les plus innocents jusqu'aux plus pervers que l'homme s'invente, désespéré de ne pouvoir assurer la pérennité de l'autre paradis, toujours perdu. Le troisième enfin, qui tient dans la dernière partie du recueil, « La Mort », est celui d'un fragile apaisement conquis par le créateur sur sa détresse au prix d'un pari de tout son être sur l'« inconnu » et le « nouveau ».

S'il y a bien un « commencement » et une « fin » dans cette démarche, on voit donc également qu'il ne saurait y avoir une dialectique. Rien n'est même sans doute plus étranger à la poésie de Baudelaire que cette notion de dialectique. La dualité qui fait son drame, et qu'il identifiait aussi, dans le *Tannhäu-*

ser de Wagner, à « la lutte de deux principes qui ont choisi le cœur humain pour principal champ de bataille », n'est pas plus effacée par les artifices de l'existence qu'elle n'est dépassée par la mystique de l'outre-tombe. Malgré la systématisation manichéenne du premier mouvement du livre, les deux suivants n'apportent ni transgression ni résolution définitive.

Comme l'écrit Hugo Friedrich, la poésie des *Fleurs du mal* s'en tient donc à « une dynamique de tensions irrésolues entre le mal satanique et l'idéalité vide ». Disons même qu'elle vit de cette tension et de cette irrésolution qui s'éprouvent non seulement à l'intérieur de tel ou tel poème mais encore dans la totalité de l'œuvre, recroquevillée sur ce qui la ronge et la féconde à la fois.

LA POÉTIQUE DES *FLEURS DU MAL*

Un classicisme de l'intelligence

La postérité critique et littéraire n'a pas toujours fait preuve d'une grande indulgence à l'endroit de la poétique de l'auteur des *Fleurs du mal*. Rimbaud qui, dans sa « lettre du voyant » à Paul Demeny en date du 15 mai 1871, saluait Baudelaire comme « le premier voyant, roi des poètes, un vrai Dieu », ajoutait cette sévère restriction : « Encore a-t-il vécu dans un milieu trop artiste, et la forme si vantée en lui est mesquine : les inventions d'inconnu réclament des formes nouvelles. » Paul Valéry, qui assurément ne badinait pas avec la prosodie, parle, dans *Variété*, de « l'attristante banalité de beaucoup de vers baudelairiens ». Et sous la plume des meilleurs critiques des *Fleurs du mal*, les griefs pour un réquisitoire formel ne manquent pas : abus du prosaïsme, maladresses et « trivialités », manque de souffle ou « souffle court », raideur rhétorique et surtout versification sans originalité, prosodie sans génie.

Tout cela est en partie vrai ; encore ne faudrait-il pas attendre de la poétique baudelairienne ce qu'elle n'a jamais voulu ni prétendu donner. La modernité du poète ne doit pas en effet cacher son attachement certain aux grandes figures ou principes du classicisme, et Yves Bonnefoy voyait juste en affirmant qu'« il y a dans sa prosodie la même monotonie de l'âme que chez Racine ». N'est-ce pas l'auteur du *Salon de 1859* qui déclarait lui-même : « Il est évident que les rhétoriques et les prosodies ne sont pas des tyrannies inventées arbitrairement, mais une collection de règles réclamées par l'organisation même de l'être spirituel. Et jamais les prosodies et les rhétoriques n'ont empêché l'originalité de se produire distinctement. Le contraire... serait infiniment plus vrai. » La « raideur » baudelairienne est donc, d'abord et surtout, de la **rigueur**, et, au nom de celle-ci, il choisit son camp : de Malherbe, chez qui il admire « un vers symétrique et carré de mélodie », à Gautier, qu'il vénère comme un « poète impeccable », il sera toujours aux côtés de ceux qui ne prennent ni le mot ni le mètre à la légère, qui refusent le hasard dans l'art et veulent que « tous les systèmes soient intelligibles ».

Formes empruntées et formes renouvelées

La tradition ne cesse ainsi d'affleurer chez l'auteur des *Fleurs du mal* dans la résurrection de formes anciennes, « ronsardisantes » quelquefois, dans le grand travail de **la rime** en laquelle il persiste à voir un des « piliers du vers », dans le souci constant de la musicalité et de l'euphonie qu'il instaure à force de répétitions harmoniques ou de refrains égrenés jusqu'à la litanie. Mais surtout, elle se manifeste dans le choix des strophes, **des formes et des mètres** poétiques, presque tous empruntés à l'arsenal de la **poésie classique** : vers pairs essentiellement (octosyllabes, décasyllabes, alexandrins), dont il se contente parfois de bousculer ou d'annuler la césure auditive ; quatrains à rimes plates qui se révèlent le meilleur espace pour son « ascèse » ; quatorzains et sonnets traditionnels enfin, où il se sent aussi à l'aise que certains romantiques s'y sentaient contraints ou gênés.

Ce dernier et inconditionnel attachement pour la forme du **sonnet** (on en compte pas moins de 47 sur les cent poèmes de l'édition de 1857 des *Fleurs du mal*) donne la pleine mesure de la rigueur intelligemment novatrice de Baudelaire : « Parce que la forme est contraignante, écrit-il dans une lettre de 1860, l'idée jaillit plus intense. Tout va bien au sonnet : la bouffonnerie, la galanterie, la passion, la rêverie, la méditation philosophique. Il y a là la beauté du métal et du minerai bien travaillés. » Acceptation et reconnaissance d'une forme héritée de la Renaissance, mais en même temps « travail » de cette forme, « lutte » interne contre la résistance du « code » et de l'orthodoxie de ses figures. Ainsi le poète n'utilise-t-il que quatre fois dans toutes les *Fleurs du mal* le sonnet régulier dit « marotique » et fixé sous la forme abba/abba/ccd/ede, préférant modifier « à sa guise », comme le lui reprochera Gautier, l'ordre et le nombre des rimes, ou subvertissant même ici ou là, (comme dans « Bien loin d'ici » ou « L'Avertisseur »), la succession canonique des quatrains et des tercets.

Ces manipulations « hérétiques » de la tradition prouvent que, contrairement à certains contemporains néo-classiques ou « formistes », tels que ceux du groupe du *Parnasse contemporain**, Baudelaire n'entend pas se soumettre au « dictat » des règles et codes. Il les prend et les assume pour autant qu'ils lui offrent la chance d'une **maîtrise** de l'expression et non comme des vérités absolues et éternelles. Il sait trop bien, comme il l'écrit dans *L'Art romantique*, que « le goût immodéré de la forme pousse à des désordres monstrueux » et que « la passion frénétique de l'art est un chancre qui dévore le reste ». Pour se prémunir contre ces dangers, il lui suffit d'ailleurs de veiller à ce que les formes ou figures de l'art restent perméables à l'irréductible puissance de ce qui doit les habiter et les vivifier : l'imagination. « Je dis, écrivait-il encore dans sa *Correspondance*, que le poète est souverainement intelligent, qu'il est l'intelligence par excellence, et que l'imagination est la plus scientifique des facultés. »

L'imagination au pouvoir

Nous sommes là au cœur de la poétique de l'auteur des *Fleurs du mal*. L'intelligence perçoit et analyse le réel, ses vices et ses insuffisances, l'imagination seule les transgresse ou les métamorphose « puisque seule elle comprend l'analogie universelle ou ce qu'une religion mystique appelle la correspondance ». L'originalité de Baudelaire n'est pas ailleurs que dans ce statut nouveau qu'il accorde à l'**imagination combinatrice** : non plus « mettre en images », « enluminer » le réel, mais en rassembler les fragments épars et reconstruire un ordre, redonner du sens. « La représentation allégorique du monde, écrit Georges Blin, offre à Baudelaire un refuge contre la réalité de la vie séparée. » Toute son audace et son unique chance de salut résident en effet dans l'acte de foi en la puissance d'« ordonnancement » de l'imaginaire poétique, de ses mouvements et de ses figures. Loin de se dérober à la vision du monde naturel délabré, le poète impose à l'image la mission d'exorciser cette ruine.

La poétique ne saurait donc se passer ici d'une métaphysique. Sur ce point, Baudelaire n'a manqué ni de précurseurs ni d'initiateurs. L'idéalisme dans lequel s'enracine son symbolisme est à la fois extrapolation du platonisme, prolongement de l'illuminisme de Swedenborg* découvert chez Balzac et « épreuve » du spiritualisme d'Hoffmann* (à qui il emprunte la théorie des synesthésies*) ou de Poe*, avec qui il s'accorde à dire que la démarche poétique doit être un « effort exalté pour atteindre la Beauté supérieure ». Dans tous les cas, le présupposé philosophique reste le même : quelle que soit la corruption du réel, il existe « ailleurs » un espace sanctifié vers lequel il faut faire mouvement d'« élévation », tant par la méditation de l'âme que par les tensions conjointes du verbe et de l'imaginaire.

La fameuse théorie des « **correspondances** » n'est rien d'autre que la mise en œuvre poétique de ce présupposé : « C'est cet admirable, cet immobile instinct du Beau, écrivait Baudelaire en 1859 à propos de Gautier, qui nous fait considérer la Terre et ses spectacles comme un aperçu, comme une correspondance du Ciel. La soif insatiable de tout ce qui est au-delà et que révèle la vie est la preuve la plus vivante de notre immortalité. C'est à la fois par la poésie et à travers la musique que l'âme entrevoit les splendeurs situées derrière le tombeau... » Qu'il s'agisse des simples correspondances horizontales (synesthésies* ou autres harmonies, voir p. 26) qui retissent entre les choses et les êtres, par le biais d'une savante magie sensorielle, la trame déchirée du quotidien, ou des plus essentielles correspondances verticales qui réalisent le mouvement sublime « d'une nature exilée dans l'imparfait et qui voudrait s'emparer immédiatement sur cette terre même d'un paradis révélé », l'intention est identique : substituer le bonheur du verbe aux faillites de l'existence en remplaçant l'unicité réconfortante de l'image par la multiplicité désolante du réel. Un réel moins irrémédiablement mauvais qu'absolument « hiéroglyphique ». « Or, qu'est-ce qu'un poète, affirme l'auteur des *Fleurs du mal*, si ce n'est un déchiffreur ? », autrement dit un manipulateur qui dispose de « chiffres » et de grilles de décodage universelles et infaillibles que sont les images.

La gamme des images déclinées

C'est à elles en effet, images descriptives, comparaisons suggestives, métaphores subtiles ou oxymores* « de choc », que Baudelaire assigne la mission de faire coexister dans l'espace étroit de leurs formulations tout ce qui reste disjoint ou opposé dans l'ordre du vécu.

Sur le plan de l'énoncé narratif ou descriptif, Baudelaire a ainsi le don d'optimiser la charge émotionnelle des simples images qui enregistrent, combinent et dilatent jusqu'à l'extase les « sucs » poétiques de la **gamme sensorielle** :

– **sonates olfactives :**

« Pendant que le parfum des verts tamariniers
Qui circule dans l'air et m'enfle la narine,
Se mêle dans mon âme au chant des mariniers. »(XXII)

– **aquarelles visuelles :**

« Les soirs illuminés par l'ardeur du charbon,
Et les soirs au balcon, voilés de vapeurs roses... »
(XXXVI)

« L'aurore grelottante en robe rose et verte
S'avançait lentement sur la Seine déserte... » (CIII)

– **régals tactiles :**

« Lorsque mes doigts caressent à loisir
Ta tête et ton dos élastique,
Et que ma main s'enivre du plaisir
De palper ton corps électrique... » (XXXIV)

– **estampes musicales :**

« Les houles, en roulant les images des cieux,
Mêlaient d'une façon solennelle et mystique
Les tout-puissants accords de leur riche musique
Aux couleurs du couchant reflété par mes yeux. » (XII)

Dynamique par essence, l'image baudelairienne appelle l'image et s'épanouit très souvent dans le jeu des **comparaisons** variées et proliférantes. Ici pour y trouver son plein volume suggestif :

« Chaque fleur s'évapore ainsi qu'un encensoir ;
Le violon frémit comme un cœur qu'on afflige ;
Valse mélancolique et langoureux vertige !
Le ciel est triste et beau comme un grand reposoir. »
(XLVII)

Là, comme l'avait justement remarqué Laforgue* à propos d'un vers du « Balcon » (« La nuit s'épaississait ainsi qu'une cloison »), pour s'offrir aux effets « bizarres » du **choc** ou de la surprise :

« Un bas rosâtre, orné de coins d'or, à la jambe,
Comme un souvenir est resté ;
La jarretière, ainsi qu'un œil secret qui flambe,
Darde un regard diamanté. »

(CX)

Autre vecteur du dynamisme de l'imaginaire poétique chez Baudelaire, la **métaphore**. Elle joue parfois, avec une vigueur inédite au XIXe siècle, le rôle de « saillie » sémantique que lui feront jouer plus tard les surréalistes :

« Les fleuves de charbon monter au firmament... »

(LXXXVI)

« Ta gorge triomphante est une belle armoire. » (LII)

Mais plus généralement l'auteur des *Fleurs du mal* en use – retrouvant par là l'exacte étymologie du mot – comme d'un moyen de « déporter » ou de « transporter », au sens dionysiaque du terme, le langage du poème. Affectionnant les métaphores à fondement **métonymique**, il en fait les tremplins allègres du « saut » poétique qui conduit d'un corps à un univers, d'une sensation à une symphonie, d'un coup d'œil à une vision :

« Cheveux bleus, pavillon de ténèbres tendues... » (XXIII)

« Le soleil s'est noyé dans son sang qui se fige... » (XLVII)

« Architecte de mes féeries,
Je faisais, à ma volonté,
Sous un tunnel de pierreries
Passer un océan dompté. »

(CII)

Rien d'étonnant enfin à ce que l'**oxymore*** occupe dans l'arsenal de ces figures d'images une place privilégiée. Il est l'instrument par excellence qui permet au poète de rassembler en une formule unique les morceaux épars du réel, les émotions discordantes, la « fangeuse grandeur » et la « sublime ignominie » de la condition humaine. Présents dans les titres (« Fleurs du mal », « Madrigal triste », « Horreur sympathique ») ou au cœur même des poèmes, ces oxymores, que Raymond Jean décrit comme des « faux accords ironiques et grinçants où s'inscrit la beauté du mal », sont bien la chance suprême de l'écriture réconciliatrice et rédemptrice :

> « Et je buvais ton souffle, ô douceur ! ô poison ! »
> (XXXVI)
>
> « Il nous verse un jour noir plus triste que les nuits »
> (LXXIV)
>
> « C'est la Mort qui console, hélas !, et qui fait vivre... »
> (CXXII).

Variété et infaillibilité

Images, comparaisons, métaphores, oxymores, Baudelaire use ainsi, avec un art consommé de l'enchaînement et de l'« alternance », de tous les pouvoirs mimétiques et cathartiques de ces vecteurs de l'imaginaire. Et sa poésie, qui traque le fugitif et le virtuel, dans l'incapacité qu'elle est de jamais pouvoir saisir l'identité et la permanence de l'Être, n'est jamais aussi authentique que lorsqu'elle s'abandonne pleinement aux « alternatives » et aux « brouillages » – fatals mais salutaires – de cette rhétorique de l'image que l'on voit jouer à plein dans un poème comme « Ciel brouillé » par exemple (voir p. 56).

Dans tous les cas, l'infaillibilité de ces diverses images est assurée par leur appartenance originelle à « l'universelle analogie », dans laquelle il suffit de choisir avec maîtrise et clairvoyance : « Chez les excellents poètes, affirme l'auteur de *L'Art romantique*, il n'y a pas de métaphore, de comparaison, d'épithète qui ne soit d'une adaptation mathématiquement exacte dans la circonstance actuelle, parce que ces comparaisons, ces métaphores et ces épithètes sont puisées dans l'inépuisable fonds de l'universelle analogie, et qu'elles ne peuvent être puisées ailleurs. » Pour réconcilier l'imparfait et le sacré, le présent mesquin et le passé purifié, l'image, avec sa force combinatrice rassurante, est l'instrument absolu.

« Dans le présent le passé restauré », chantait Baudelaire ; « dans le réel l'imaginaire convoqué », faudrait-il ajouter, puisque toute reconnaissance et toute régénérescence ne se font chez lui que par l'ingénieux truchement des productions de la vieille « maîtresse d'erreur et de fausseté » soupçonnée par Pascal et promue par lui au rang de « reine des facultés ».

Lexique

anaphore : répétition d'un mot ou d'un groupe de mots à la même place (souvent le début), dans une phrase ou dans un vers :

« Par-delà le soleil, par-delà les éthers,
Par-delà les confins des sphères étoilées » (III)

Banville (Théodore de) : poète français (1823-1891). Ce disciple de Gautier, opposé aux excès du romantisme comme à ceux du matérialisme de sa génération, fut l'un des inspirateurs du groupe « parnassien » (*Les Cariatides*, 1842 ; *Les Stalactites*, 1846 ; *Odes funambulesques*, 1857). Baudelaire et Mallarmé rendirent hommage à sa virtuosité technique qui n'allait pas sans émotion ni sensualité.

Barbey d'Aurevilly (Jules) : écrivain français (1808-1889). Aristocrate et dandy (on lui doit un bel essai, *Du dandysme et de George Brummell*), catholique et polémiste, la célébrité lui vint tardivement pour son œuvre romanesque où le réalisme se mêle au surnaturel (*L'Ensorcelée*, 1854 ; *Une vieille maîtresse*, 1851 ; *Les Diaboliques*, 1874).

Bertrand (Louis, dit Aloysius) : ce poète français (1807-1841), disciple fervent de Victor Hugo et « inventeur », avec Maurice de Guérin, du poème en prose dans son *Gaspard de la nuit, fantaisies à la manière de Rembrandt et de Callot* (1842, posth.), fut salué comme un précurseur par Baudelaire dans la dédicace de son *Spleen de Paris*.

Borel (Pétrus) : poète français (1809-1859). Ce romantique « mineur », qui fit l'objet d'une étude de Baudelaire, était l'un des maîtres de l'« humour noir » et de la tendance « frénétique » du romantisme de la bohème. On lui doit notamment des *Rhapsodies* (1832) et le recueil de « contes immoraux » intitulé *Champavert* (1833).

Gautier (Théophile) : écrivain français (1811-1872). Après avoir été l'un des plus bouillants animateurs du romantisme militant de 1830, il évolua, en poésie, vers une esthétique plus plasticienne (*Espana*, 1845, *Émaux et camées*, 1852) tout en conservant dans son œuvre en prose un sens profond du mystère et du pittoresque (*Le Roman de la momie*, 1858 ; *Le Capitaine Fracasse*, 1863). Baudelaire lui dédia le recueil des *Fleurs du mal*.

Guérin (Maurice de) : poète français (1810-1839). Mondain et mystique à la fois, ami de Barbey d'Aurevilly, il composa *Le Centaure* (1840, posth.) et *La Bacchante* (inachevé et posth., 1861) qui comptent parmi les premiers poèmes en prose de notre histoire littéraire.

Guys (Constantin) : dessinateur, aquarelliste et graveur français (1805-1892). Ses scènes de la vie parisienne et galante, ses croquis de mode, inspirèrent à Baudelaire son essai sur *Le Peintre de la vie moderne*.

Haussmann (Georges, baron) : administrateur et homme politique français (1809-1891). Préfet de la Seine pendant 17 ans sous le Second Empire, il réalisa les grands travaux d'assainissement et d'embellissement de Paris (grandes avenues, égouts, réservoirs). En démolissant les vieux quartiers parisiens qui, depuis 1789, constituaient les principaux foyers révolutionnaires, il contraignit la population ouvrière à émigrer vers les banlieues.

Hoffmann (Ernst) : écrivain et compositeur allemand (1776-1822). Doué d'une imagination qu'il décrivait lui-même comme « excentrique », il se consacra à une intense activité tant musicale (piano, musique de chambre, opéras) que littéraire (*Les Elixirs du diable*, 1816 ; *La Princesse Brambilla*, 1821).

Lautréamont (alias Isidore Ducasse, comte de) : écrivain français (1846-1870), auteur des *Chants de Maldoror* (1868-1869), révélé par André Breton et les surréalistes qui l'admiraient pour sa « poésie de la révolte ».

métonymie : figure de rhétorique permettant d'exprimer une réalité par une autre qui entretient avec elle une relation nécessaire (la partie pour le tout, la cause pour l'effet, la couleur pour la matière, etc.)

oxymore (ou oxymoron) : figure de rhétorique consistant à rapprocher deux termes contraires ou antonomiques. Exemple :

« Il nous verse un jour noir plus triste que nos nuits. »

paradigme : ensemble des termes d'une même classe de mots qui peuvent être associés ou substitués l'un à l'autre, par référence, dans un contexte déterminé (adj. : paradigmatique).

Parnasse contemporain : nom du « recueil de vers nouveaux » publié en trois livraisons (1866, 1871, 1876) par des poètes qui se voulaient en réaction contre le romantisme. Le premier volume contient notamment des poèmes de Baudelaire, Gautier, Banville, Leconte de Lisle, Verlaine et Mallarmé.

Poe (Edgar Allan) : poète, conteur et critique américain (1809-1849) dont Baudelaire admirait les œuvres qu'il traduisit. Ces textes, où le réalisme onirique le dispute à la rêverie poétique sont, pour l'essentiel, regroupés sous les titres *Histoires extraordinaires* et *Nouvelles histoires extraordinaires*.

Quincey (Thomas de) : écrivain anglais (1785-1859). Bohème et opiomane, ses *Confessions d'un opiomane anglais* (1822) influencèrent beaucoup le Baudelaire des *Paradis artificiels*.

synesthésies : effets de perception ou troubles de la perception caractérisés par la perception d'une sensation supplémentaire à celle perçue normalement, dans une autre région du corps ou concernant un autre registre sensoriel. Les synesthésies sont l'une des illustrations, chez Baudelaire, de la théorie des « correspondances ».

Swedenborg (Emmanuel) : savant et théosophe suédois (1688-1772). Il opposa à la connaissance scientifique, dans ses théories, une connaissance « illuminative » (ou illuministe) de réalités supra-sensibles qui influença de nombreux écrivains du XIXe siècle, dont Baudelaire et Balzac (dans un roman comme *Le Lys dans la vallée* par exemple).

vers blanc : se dit de l'insertion, dans la prose, d'une séquence cadencée et « mesurée » comme un vers, mais sans effet de rime.

Vigny (Alfred de) : écrivain français (1797-1863). Romancier (*Stello*, 1832 ; *Servitude et grandeur militaires*, 1835), dramaturge (*Chatterton*, 1835), poète (*Les Poèmes antiques et modernes*, 1837 ; *Les Destinées*, 1864, posth.), il incarna dans la génération romantique une volonté de maîtrise de l'expression qui se manifesta particulièrement dans sa technique du symbole poétique.

Quelques citations

I. LES THÈMES

L'ART ET LA BEAUTÉ

Références : poèmes I, V, VI, XI, XVII, XIX, XX, XXI, XXXVIII, XXXIX, XLII, XLIII, LV, CIX, CXXIII.

Citations :

« L'Art est long et le Temps est court. » (XI)
« Je suis belle, ô mortels ! comme un rêve de pierre... » (XVII)
« Ô blasphème de l'art ! ô surprise fatale ! » (XX)

LA FEMME

Références : XXII à XXVIII, XXXII à XXXVI, XLII à XLVI, XLIX, LII, LIII, LVII, LVIII, LXIII, LXIV, CXI.

Citations :

« Mère des souvenirs, maîtresse des maîtresses,
Ô toi, tous mes plaisirs ! ô toi, tous mes devoirs ! » (XXXVI)
« Dans son œil, ciel livide où germe l'ouragan,
La douceur qui fascine et le plaisir qui tue. » (XCIII)
« Ô femme dangereuse, ô séduisants climats ! » (L)
« Tout de toi m'est plaisir, morbide ou pétulant... » (XXXVII)

LA MER

Références : XII, XIV, XXII, XXIII, XXVIII, XXXVI, LII, LXII, LXXIX, CXXVI.

Citations :

« Homme libre, toujours tu chériras la mer !
La mer est ton miroir ; tu contemples ton âme
Dans le déroulement infini de sa lame... » (XIV)

« Ces serments, ces parfums, ces baisers infinis,
Renaîtront-ils d'un gouffre interdit à nos sondes,
Comme montent au ciel les soleils rajeunis
Après s'être lavés au fond des mers profondes ? » (XXXVI)

« Je te hais, Océan ! tes bonds et tes tumultes,
Mon esprit les retrouve en lui... » (LXXIX)

LA MORT

Références : XXIX, XLIII, LVI, LXXI, LXXII, LXXVIII, XCVII, C, CXII, CXXI à CXXVI.

Citations :

« Ô vers ! noirs compagnons sans oreille et sans yeux,
Voyez venir à vous un mort libre et joyeux » (LXXII)

« C'est la Mort qui console, hélas ! et qui fait vivre ;
C'est le but de la vie, et c'est le seul espoir... » (CXXII)

« C'est que la Mort, planant comme un soleil nouveau
Fera s'épanouir les fleurs de leur cerveau. » (CXXIII)

« Ô Mort, vieux capitaine, il est temps ! levons l'ancre !
Ce pays nous ennuie, ô Mort ! Appareillons ! » (CXXVI)

LES PARADIS ARTIFICIELS

Références : XXI à XXVIII, XLI, XLIX, LII, LXIX, CIV à CVIII, CXXVI.

Citations :

« Sur les bords duvetés de vos mèches tordues
Je m'enivre ardemment des senteurs confondues
De l'huile de coco, du musc et du goudron. » (XXIII)

« L'opium agrandit ce qui n'a pas de bornes,
        Allonge l'illimité... » (XLIX)

« Partons à cheval sur le vin
Pour un ciel féerique et divin ! » (CVIII)

LA RELIGION ET LE MYSTICISME

Références : I, III, IX, XV, XLVI, XLVII, CXVIII à CXXII, CXXVI.

Citations :

« Vers le ciel, où son œil voit un trône splendide,
Le Poète serein lève ses bras pieux... » (I)

« Le ciel est triste et beau comme un grand reposoir » (XLVII)

« Gloire et louange à toi, Satan, dans les hauteurs
Du Ciel, où tu règnas, et dans les profondeurs
De l'Enfer, où, vaincu, tu rêves en silence ! » (CXX)

LE SPLEEN

Références : « Au lecteur », IX, XXX, XXXVII, LXXIV à LXXXII, C, CIX.

Citations :

« Rien n'égale en longueur les boiteuses journées,
Quand, sous les lourds flocons des neigeuses années
L'ennui, fruit de la morne incuriosité,
Prend les proportions de l'immortalité » (LXXVI)

« Et de longs corbillards, sans tambours ni musique,
Défilent lentement dans mon âme ; l'Espoir,
Vaincu, pleure, et l'Angoisse atroce, despotique,
Sur mon crâne incliné plante son drapeau noir. » (LXXVIII)

LE TEMPS ET LE SOUVENIR

Références : X, XI, XX, XXX, XXXV à XXXVIII, XLVII, LXII, LXXIV à LXXX, LXXXV, C, CXXVI.

Citations :

« Ô douleur ! ô douleur ! le Temps mange la vie... » (X)

« Et le Temps m'engloutit minute par minute
Comme la neige immense un corps pris de roideur » (LXXX)

« Ton souvenir en moi luit comme un ostensoir ! » (XLVII)

LA VILLE

Références : LXII, LXXXVII, LXXXIX, XC à XCVI.

Citations :

« Paris change ! mais rien dans ma mélancolie
N'a bougé ! palais neufs, échafaudages, blocs,
Vieux faubourgs, tout pour moi devient allégorie
Et mes chers souvenirs sont plus lourds que des rocs »
(LXXXIX)

« L'aurore grelottante en robe rose et verte
S'avançait lentement sur la Seine déserte,
Et le sombre Paris, en se frottant les yeux
Empoignait ses outils, vieillard laborieux. » (CIII)

LE VOYAGE

Références : XXII, XXIII, XXVIII, LII, LIII, LXII, CXXVI.

Citations :

« Comme d'autres esprits voguent sur la musique,
Le mien, ô mon amour, nage sur ton parfum. » (XXIII)

« Mon enfant, ma sœur
Songe à la douceur
D'aller là-bas vivre ensemble
Aimer à loisir
Aimer et mourir
Au pays qui te ressemble ! » (LIII)

« Amer savoir, celui qu'on tire du voyage !
Le monde, monotone et petit, aujourd'hui,
Hier, demain, toujours, nous fait voir notre image :
Une oasis d'horreur dans un désert d'ennui ! » (CXXVI)

L'EXOTISME

Références : XII, XXIII, LII, LXI, LXII, LXXVI.

Citations :

« La langoureuse Asie et la brûlante Afrique,
Tout un monde lointain, absent, presque défunt,
Vit dans tes profondeurs, forêt aromatique ! » (XXIII)

« Au pays parfumé que le soleil caresse,
J'ai connu, sous un dais d'arbres tout empourprés
Et de palmiers d'où pleut sur les yeux la paresse,
Une dame créole aux charmes ignorés. » (LXI)

II. LA POÉTIQUE

LE BEAU

Citations :

« Le Beau est toujours bizarre. Je ne veux pas dire qu'il soit volontairement, froidement bizarre, car dans ce cas il serait un monstre sorti des rails de la vie. Je dis qu'il contient toujours un peu de bizarrerie, de bizarrerie naïve, non voulue, inconsciente, et que c'est cette bizarrerie qui le fait être particulièrement le Beau. C'est son immatriculation, sa caractéristique. » (*Exposition universelle*, 1855)

« J'ai trouvé la definition du Beau, de mon Beau. C'est quelquechose d'ardent et de triste, quelque chose d'un peu vague, laissant carrière à la conjecture. [...] Le mystère, le regret sont aussi des caractères du Beau. » (*Fusées*)

LES RÈGLES

Citations :

« Il est évident que les rhétoriques et les prosodies ne sont pas des tyrannies inventées arbitrairement, mais une collection de règles réclamées par l'organisation même de l'être spirituel. Et jamais les prosodies et les rhétoriques n'ont empêché l'originalité de se produire distinctement. Le contraire, à savoir qu'elles ont aidé l'éclosion de l'originalité, serait infiniment plus vrai. » (*Salon de 1859*)

« Le goût immodéré de la forme pousse à des désordres monstrueux et inconnus. Absorbés par la passion féroce du beau, du drôle, du joli, du pittoresque, car il y a des degrés, les notions du juste et du vrai disparaissent. La passion frénétique de l'art est un chancre qui dévore le reste ; et, comme l'absence nette du juste et du vrai dans l'art équivaut à l'absence d'art, l'homme entier s'évanouit ; la spécialisation excessive d'une faculté aboutit au néant. » (*L'Art romantique*)

LA FINALITÉ POÉTIQUE

Citations :

« Le principe de la poésie est, strictement et simplement, l'aspiration humaine vers une Beauté supérieure, et la manifestation de ce principe est dans un enthousiasme, une excitation de l'âme, – enthousiasme tout à fait indépendant de la passion qui est l'ivresse du cœur, et de la vérité, qui est la pâture de la raison. » (*Notes nouvelles sur Edgar Poe*)

« La Poésie, pour peu qu'on veuille descendre en soi-même, interroger son âme, rappeler ses souvenirs d'enthousiasme, n'a pas d'autre but qu'Elle-même ; elle ne peut en avoir d'autre, et aucun poème ne sera si grand, si noble, si véritablement digne du nom de poème, que celui qui aura été écrit uniquement pour le plaisir d'écrire un poème ». (*Réflexions sur quelques-uns de mes contemporains*)

Jugements critiques

Le tombeau de Charles Baudelaire

Le temps enseveli divulgue par la bouche
Sépulcrale d'égout bavant boue et rubis
Abominablement quelque idole Anubis
Tout le museau flambé comme un aboi farouche

Ou que le gaz récent torde la mèche louche
Essuyeuse on le sait des opprobres subis
Il allume hagard un immortel pubis
Dont le vol selon le réverbère découche

Quel feuillage séché dans les cités sans soir
Votif pourra bénir comme elle se rasseoir
Contre le marbre vainement de Baudelaire

Au voile qui la ceint absente avec frissons
Celle son Ombre même un poison tutélaire
Toujours à respirer si nous en périssons.

Stéphane Mallarmé (*Tombeaux*).

Une conscience malheureuse

Qui suis-je, moi Baudelaire ? À cette question que se pose sans cesse le poète, la réponse, immédiate, toujours la même, est la suivante : Je suis un homme, c'est-à-dire un être déchu, honteux d'exister, faisant le mal, piétinant dans une boue qui ne diffère pas de moi-même. D'autre part, dans mon malheur comme dans ma vilenie, je me découvre poète. Mais un poète n'est pas d'une espèce différente des autres hommes. Il est simplement celui dont les caractéristiques répulsives, communes à tous les hommes, se distinguent mieux que chez quiconque, et inspirent dès le premier coup d'œil un plus vif sentiment d'horreur. Moi, Baudelaire, parce que je suis poète, je suis éminemment représentatif de la bassesse humaine. Mon état n'est pas exceptionnel, mais la conscience que j'en prends est elle-même exceptionnelle. Je ne perds pas un instant de vue le fait que ma nature, comme celle de tout le genre humain, est une nature avilie, et que la boue que je piétine remplit un lieu essentiellement bas et sombre, où l'ensemble de la création, en raison d'une faute qui se situe à son origine et qui en altéra irrémissiblement l'essence, s'est trouvée pour toujours avoir glissé.

La conscience de soi chez Baudelaire a donc dès le premier moment un caractère complexe. Elle est consciente d'un être qui expérimente extraordinairement en lui-même un destin partagé par tous les êtres ; et elle est consciente de ce destin comme conséquence d'un changement survenu à la source même de la vie. L'on dirait qu'à l'instant où il a été créé, le premier homme, et avec lui tous ses descendants, ont subi une mutation inexplicable, de telle façon que pour tout le temps qui leur reste à habiter la terre, les hommes sont condamnés à être tiraillés en deux sens contradictoires, conscients d'être à la fois héritiers d'un certain bien, possesseurs d'une certaine nature initiale, et pourtant dépossédés de cette nature et déshérités de ce bien.

George Poulet, *La Poésie éclatée*, PUF (pp. 11-12).

La nature détestée

La notion de nature est chez lui ambivalente. Lorsqu'il plaide sa cause et qu'il veut émouvoir sur ses intentions, il présente ses sentiments comme les plus *naturels* et les plus légitimes. Ici sa plume le trahit. Est-il bien vrai qu'il assimile, tout au fond de lui-même, la nature au péché ? Est-il bien sincère lorsqu'il en fait la source des crimes ? Sans doute elle est, avant tout, le conformisme. Mais, précisément pour cela, c'est l'œuvre de Dieu – ou, si l'on préfère, du Bien. La Nature, c'est le premier mouvement, la spontanéité, l'immédiat, la bonté directe et sans calcul, c'est surtout la création tout entière, hymne qui monte vers son Créateur. Si Baudelaire était *naturel*, il se perdrait, sans doute, dans la foule, mais, du même coup, il se sentirait une bonne conscience, il accomplirait sans effort les commandements divins, il serait chez lui, bien à son aise dans le monde. C'est ce qu'il ne veut pas. Il hait la Nature et cherche à la détruire parce qu'elle vient de Dieu tout comme Satan cherche à saper la création. Par la douleur, l'insatisfaction et le vice, il cherche à se constituer une place à part dans l'univers. Il ambitionne la solitude du maudit et du monstre, du « contre-nature », précisément parce que la Nature est tout, est partout. Et son rêve d'artifice ne se distingue nullement de son désir de sacrilège. Il ment, il se ment lorsqu'il assimile la vertu à la conscience artificielle. Pour lui, la Nature, c'est le Bien transcendant, dans la mesure même où il devient un donné, une réalité qui l'environne et qui s'insinue en lui sans qu'il y ait consenti. Elle manifeste l'ambiguïté du Bien, pure valeur en tant qu'il est sans que je l'aie choisi. Et l'horreur baudelairienne de la Nature se marie avec une attirance profonde. Cette ambivalence de l'attitude du poète chez tous ceux qui n'ont consenti ni à dépasser toutes les Normes par leur choix d'eux-mêmes ni à se soumettre totalement à une Morale extérieure : soumis au Bien en tant qu'il apparaît comme un Devoir à réaliser, Baudelaire le rejette et le dédaigne en tant qu'il est une qualité donnée de l'Univers. Et pourtant, c'est le même Bien qui est l'un et l'autre, puisque Baudelaire, sans retour possible, a choisi de ne pas le choisir.

Jean-Paul Sartre, *Baudelaire*, Gallimard,
(Coll. « Idées », pp. 145-147).

Un paysage verbal

Ce qui fait pour Baudelaire toute l'excellence du langage, c'est sa docilité matérielle, sa plasticité, sa souplesse à tout traduire, à tout résoudre. Allons plus loin encore : si Baudelaire tient son paysage verbal pour supérieur à tout autre paysage, c'est qu'il existe entre lui et son langage une relation immédiate, une familiarité existentielle. Ce fut sa grande chance, ou plutôt son génie, que la structure ontologique de ce langage ait si exactement, si spontanément correspondu à l'architecture intérieure de son être. [...]

Substantif, adjectif, verbe, la grande trinité des archétypes du langage recouvre et exprime alors une autre trinité, – profondeur, transparence, mouvement, – qui est celle de l'être baudelairien lui-même. Le substantif emplit la profondeur. En substituant à la viduité du gouffre la chaude plénitude de la substance, il lui donne épaisseur et densité. À la profondeur il conserve bien sa magie, sa verticalité sacrale, son pouvoir de résonance et de vertige, mais il la vide aussi de ses terreurs, puisqu'il aboutit lui-même à une surface sémantique, à un sens précis et tout humain. Ce sens, l'adjectif le vaporise et le fait rayonner. Il dispose tout autour du nom un halo de vibrations immobiles. Il humanise encore la transcendance et la concentration substantives en les diluant en *qualités* idéales. Ces qualités s'étalent alors de mot en mot, glissent les unes dans les autres et tendent d'objet à objet un vernis, une nappe, une continuité sensibles qui permettent l'établissement horizontal des correspondances (« Il est de parfums *frais* comme des chairs d'enfants »). L'adjectif le plus baudelairien, ce sera donc l'adjectif le plus lisse et le plus vide de déterminations, le plus transparent aussi, le plus apte à créer tout autour du nom une zone neutre d'expansion, une aire de communication et de gloire. Le verbe enfin vient doucement agiter toute cette architecture : il lui *donne le branle*, il balance les mots, les fait respirer, onduler, progresser les uns vers les autres. Il replace le langage dans son milieu naturel, qui est l'écoulement d'une durée vivante. Par là il l'ouvre à toutes les découvertes, mais il l'expose aussi à tous les risques. Au cœur de la majesté substantive et du rayonnement adjectif c'est le verbe qui introduit le mouvement, l'inconnu, le déséquilibre, la mort peut-être. Dans la splendeur d'un langage parfait mais inutile il inscrit en somme, – et c'était nécessaire pour que ce langage devînt poésie, – toute la fragilité du geste humain.

Tout beau vers de Baudelaire doit donc nous apparaître comme une figuration et comme une solution matérielles de sa vie. Et cette vie, comment croire qu'elle ne fut pas sauvée alors qu'il lui fut accordé de si parfaitement aboutir à quelques phrases ?

Jean-Pierre Richard, *Poésie et profondeur*,
Seuil (pp. 160-161).

Sur la voie de la modernité

Avec Baudelaire, la poésie prend une dimension européenne. On le constate à l'influence qu'elle exerce désormais sur l'Allemagne, l'Angleterre, l'Italie et l'Espagne. Par ailleurs, l'œuvre de Baudelaire donna rapidement naissance en France à des courants différents de ceux du romantisme, beaucoup plus novateurs, qui imprégnèrent les œuvres de Rimbaud, de Verlaine, de Mallarmé. Ce dernier déclarait commencer là où Baudelaire avait dû s'arrêter. Vers la fin de sa vie, Valéry voyait encore une ligne qui conduisait directement de Baudelaire à lui-même. T.S. Eliot disait de son œuvre qu'elle était le plus grand exemple de poésie moderne, dans quelque langue que ce fût. En 1945, Jean Cocteau écrivait : « Derrière toutes ses attitudes, son regard nous parvient lentement comme nous parvient la lumière des étoiles. »

Nombre de déclarations analogues parlent du poète de « la modernité ». L'expression se justifie immédiatement, puisque Baudelaire en est l'un des auteurs. Il l'emploie en 1859 en s'excusant du néologisme dont il a besoin pour désigner ce qu'il y a de particulier chez l'artiste moderne : la faculté de voir dans le désert de la grande ville non seulement la décadence de l'homme, mais aussi d'y reconnaître obscurément une mystérieuse beauté jusqu'alors inconnue. C'est bien là l'un des problèmes personnels de Baudelaire : dire comment la poésie est encore possible dans un monde de la technique et du commerce. Sa poésie montre les possibilités, sa prose l'approfondit théoriquement. Ce chemin conduit à l'écart le plus grand possible, face à la banalité du réel jusqu'à une zone de mystère, mais de telle manière que tous les éléments de la modernité s'y trouvent inclus et dotés d'une sorte de vibration poétique. C'est le début de la poésie moderne avec ses contenus magiques et brûlants comme des acides.

Un aspect fondamental de Baudelaire est sans doute sa rigueur intellectuelle, la clarté de sa conscience artistique. Il unit le génie poétique à l'intelligence critique. Ses réflexions sur le mécanisme de la création poétique se situent à un niveau aussi élevé que sa poésie elle-même, la dépassant même parfois, comme c'était déjà le cas chez Novalis. Les perspectives qu'il ouvre ainsi ont exercé sur les années à venir une influence peut-être plus profonde que les *Fleurs du Mal* proprement dites. Elles sont réunies dans les recueils critiques *Curiosités esthétiques* et *L'Art romantique* (ces deux œuvres parurent à titre posthume en 1868). Toutes deux comprennent des interprétations, des programmes fondés sur l'observation des œuvres contemporaines non seulement de poésie mais aussi de peinture et de musique. À un niveau plus élevé, nous constatons ce que nous avons déjà constaté chez Diderot : une réflexion sur la création littéraire se proposant des buts nouveaux met à profit les autres arts. Ces essais s'élargissent, par ailleurs, toujours pour devenir des analyses de la conscience de l'époque, de la « modernité » en général. Baudelaire conçoit en effet la poésie et l'art en général comme le remaniement créateur des formes appliqué au destin d'une époque. Ce qui se dessine ici, c'est déjà la démarche de Mallarmé, qui nous mène à une poésie ontologique, à une théorie de la poésie fondée sur une ontologie.

Hugo Friedrich, *Structures de la poésie moderne*, Denoël-Gonthier, (pp. 39-40).

« Le poète d'un mythe »

Ce n'est pas seulement le grand poète limité à lui-même ; c'est le poète d'un mythe, d'une influence. Baudelaire est une origine. En premier lieu, parce qu'il crée une Poésie française après des siècles de fadeurs et de discours ; mais encore parce que sa création annonce la grande mutation des valeurs – du rationnel à l'irrationnel, du prosaïsme de la pensée au mystère de l'invention.

Baudelaire, artisan de génie, entreprend le long travail. Car il a fallu beaucoup travailler. Outre le duel avec l'esprit, on devait livrer le combat avec la langue ; il y avait lieu de briser en quelque sorte l'instinct dialecticien de la langue française – le plus impérieux qui soit.

La conscience d'être poète maudit devait récompenser l'effort de Baudelaire : sans malédiction, aucune novation possible. C'est par malédiction qu'il fallait passer pour avoir accès au règne souterrain de l'image. Un lieu commun dit que l'on doit enfanter dans la douleur. Comme ce règne où le poète s'aventurait était sans nom, il fallait bien que ce poète fît l'effet d'un monstre. On a suggéré que Baudelaire avait été la victime, non le maître de sa création. Voilà sans doute où l'on pourrait parler d'un échec de Baudelaire : non que la création soit venue compenser un échec intérieur – mais que l'échec personnel se soit produit en raison de la violence de création.

À partir des descendants directs, Mallarmé, Rimbaud, la poésie devra « écrire des silences... noter l'inexprimable », – et inventer une respiration nouvelle et propre du vers, refondre sa métrique. Tout cela, que Baudelaire n'eût sans doute pas compris, sort de son cœur, et est le fruit de sa mort.

Pierre-Jean Jouve, *Le Tombeau de Baudelaire*, Seuil (pp. 61-62).

« Cet idéalisme de la révolte »

Cette notion baudelairienne d'une double postulation de la nature humaine relève d'un système de transcendance verticale. Il s'agit de l'aspect dans le domaine psychologique d'une structure plus générale de l'expérience, opposant, dans d'autres domaines, le haut et le bas, l'esprit et la matière, la réalité et l'apparence, le vrai et le faux. Il y a longtemps qu'on connaît, dans la littérature, les tensions engendrées par une opposition entre certaines réalités, supposées « données », et l'effort héroïque pour s'affranchir des limites d'un moi focalisé, prisonnier du temps et défini par la société. Mais l'antagonisme opposant la réalité de la société aux aspirations individuelles fait partie intégrante de toutes ces dualités que formule l'imagination idéaliste. Ce qui ne veut pas dire que cette opposition n'existe pas, ou même qu'elle ne peut servir de point de départ pour une action socialement révolutionnaire.

Mais si ce type de comportement individuel héroïque, que nous connaissons bien, est le plus souvent voué à une impuissance romantique, c'est peut-être que de semblables aspirations transcendantales expriment indirectement un besoin, d'ordre culturel, de structures cohérentes et de limites intelligibles. Pourtant, on trouve dans la littérature moderne – approximativement de Baudelaire et Lautréamont jusqu'à certaines expériences théâtrales contemporaines – une forme de désir subversif infiniment plus concret dans ses effets psychiques et ses implications sociales que ne saurait l'être cet idéalisme de la révolte. Je veux parler de ces tentatives visant à rejeter les structures fixes du moi et de la société et qui, pourtant, n'impliquent nullement que l'on croie en un moi « supérieur » ou plus « vrai » ; elles n'impliquent d'ailleurs même pas que l'on s'intéresse à un tel moi, ou à toute autre réalité transcendantale « au-delà » du moi connu. La littérature de l'imaginaire, même quand elle affiche l'impuissance du désir visionnaire, maintient encore que la vision a bien eu un contenu. Nous avons affaire à un phénomène totalement différent dans ce que j'estime être l'écriture moderne la plus subversive. Comme alternative à un moi socialement défini aussi bien qu'à un moi transcendantal (ou libre, ou encore universel), la littérature a également vanté des moi marginaux ou partiels. On peut l'exprimer autrement et parler d'un moi disséminé, dispersé, résistant à tous les efforts entrepris pour faire du désir éclaté une structure unifiante. À la limite, il n'y aurait aucun « lieu » privilégié auquel se référer, permettant de structurer le moi. Ce qui aurait été traditionnellement conçu en termes de marges du psychisme ne se définit plus par rapport à un point focal, un centre déterminé ; on n'a plus alors affaire qu'à des foyers provisoires et toujours mouvants d'un moi qu'on dirait flottant au milieu d'images cueillies au hasard de sa dérive.

Léo Bersani, *Baudelaire et Freud*, Seuil (pp. 10-11).

Sujets de travaux

SUJETS D'EXPOSÉS ET DE RECHERCHES DOCUMENTAIRES

– Nature et nature humaine dans les *Fleurs du mal*.
– La Femme baudelairienne : une tentation et une fatalité.
– Entre Dieu et Satan : la religion et le mysticisme de Baudelaire.
– Spleen et idéal : un conflit insurmontable ?
– L'art du sonnet dans les *Fleurs du mal* : classicisme et innovations.
– La gamme des images baudelairiennes dans les *Fleurs du mal*.
– La représentation de l'artiste dans les *Fleurs du mal*.

SUJETS DE COMPOSITION FRANÇAISE

– « En vain lisions-nous indéfiniment ces pages chargées de péchés et de prières, pleines de contradiction, livrées avec fureur à tous les excès, jusqu'à tomber de lassitude, et parfois révélant une expression morte, désespérée, nous menant jusqu'au seuil des églises ; il restait en elles quelque chose de secret et d'insaisissable. »

Comment, selon vous, ces notes de l'écrivain Maurice Barrès, dans *Mes Cahiers*, peuvent-elles suggérer et orienter une lecture des *Fleurs du mal* ?

– Au début de son étude de 1947 sur Baudelaire, Jean-Paul Sartre se demandait : « Est-il donc si différent de l'existence qu'il a menée ? Et s'il avait mérité sa vie ? Si, au contraire des idées reçues, les hommes n'avaient jamais que la vie qu'ils méritent ? »

Comment répondriez-vous à ces questions au terme de votre lecture des *Fleurs du mal* ?

– André Gide a écrit : « La forme, cette raison de l'œuvre d'art, est ce dont le public ne s'aperçoit jamais que plus tard. La forme est le secret de l'œuvre. Cette harmonie des contours et des sons, où l'art du poète se joue, Baudelaire ne l'accepte jamais tout acquise ; il l'obtient par sincérité, il la conquiert et il l'impose. »

Analysez et commentez ce jugement.

– Au terme de l'étude qu'il consacre à Baudelaire dans son essai *L'Improbable* (1959), le poète contemporain Yves Bonnefoy écrit : « Le caractère le plus constant des *Fleurs du mal*, c'est à dire de Baudelaire, reste malgré tout l'énergie. »

À partir de votre expérience de lecture du recueil, vous commenterez ce parti pris d'un poète qui demeure aujourd'hui l'un des authentiques héritiers de Baudelaire.

– « Le beau est toujours bizarre », écrivit Baudelaire.

Dans quelle mesure cette affirmation vous paraît-elle devoir s'appliquer à la poésie des *Fleurs du mal* ?

Index des poèmes étudiés

ANNEXES

Bibliographie essentielle

Éditions

Les *Fleurs du mal*, édition annotée par Antoine Compagnon, collection « L'École des Lettres », Seuil.

Les *Fleurs du mal*, édition annotée par Jean Delabroy, collection « Texte et Contextes », Magnard.

Les *Fleurs du mal*, édition préfacée par Henri Lemaître, Garnier et Flammarion.

Les *Fleurs du mal*, in *Œuvres complètes* de Charles Baudelaire, édition critique de Claude Pichois, « Bibliothèque de la Pléiade », Gallimard (2 tomes).

Ouvrages critiques

Sur Baudelaire, sa vie et son œuvre

Georges BLIN, *Baudelaire*, Gallimard, 1939.

Yves CHARNET, *Baudelaire*, collection « Balises-Écrivains », Nathan, 1991.

Charles MAURON, *Le Dernier Baudelaire*, Corti, 1966.

Henri PEYRE, *Connaissance de Baudelaire*, Corti, 1951.

Pascal PIA, *Baudelaire par lui-même*, Seuil, 1952.

Dominique RINCÉ, *Baudelaire et la modernité poétique*, PUF, 1984.

Marcel A. RUFF, *Baudelaire, l'homme et l'œuvre*, Hatier-Boivin, 1955.

Jean-Paul SARTRE, *Baudelaire*, Gallimard, 1947.

Paul VALÉRY, « Situation de Baudelaire », in *Variété II*, Gallimard, 1930.

Sur la thématique et la poétique baudelairiennes

Tamara BASSIM, *La Femme dans l'œuvre de Baudelaire*, édition la Baconnière, 1974.

Walter BENJAMIN, *Charles Baudelaire, un poète lyrique à l'apogée du capitalisme*, Payot, 1982.

Suzanne BERNARD, *Le Poème en prose de Baudelaire à nos jours*, Nizet, 1959.

Léo BERSANI, *Baudelaire et Freud*, Seuil, 1981.

Georges BLIN, *Le Sadisme de Baudelaire*, Corti, 1948.

Yves BONNEFOY, *L'Acte et le lieu de la poésie*, Mercure de France, 1958.

Michel BUTOR, « Les Paradis artificiels » in *Répertoire*, Minuit, 1960. *Histoire extraordinaire. Essai sur un rêve de Baudelaire*, Gallimard, 1961.

Pierre EMMANUEL, *Baudelaire, la Femme et Dieu*, Seuil, 1982.

Benjamin FONDANE, *Baudelaire et l'expérience du gouffre*, Seghers,1947.

Hugo FRIEDRICH, « Baudelaire, le poète de la modernité » in *Structures de la poésie moderne*, Denoël-Gonthier, 1976.

Jean-Pierre GIUSTO, *Les Fleurs du mal*, PUF, 1984.

J.E. JACKSON, *La Mort Baudelaire*, essai sur les *Fleurs du mal*, éditions la Baconnière, 1982.

Robert KEMPF, *Dandies, Baudelaire et Cie*, Seuil, 1977.

Charles MAURON, *Des métaphores obsédantes au mythe personnel*, Corti, 1963.

Max MILNER, *Baudelaire, enfer ou ciel qu'importe*, Plon, 1967.

Jean POMMIER, *La Mystique de Baudelaire*, Belles-Lettres, 1932.

Jean PRÉVOST, *Baudelaire, essai sur l'inspiration et la création poétiques*, Mercure de France, 1953.

Michel QUESNEL, *Baudelaire solaire et clandestin*, PUF, 1987.

Marcel RAYMOND, *De Baudelaire au surréalisme*, Corti, 1940.

Jean-Pierre RICHARD, « Profondeur de Baudelaire » in *Poésie et profondeur*, Seuil, 1955.

Jean STAROBINSKI, *La Mélancolie au miroir, Trois lectures de Baudelaire*, Julliard, 1989.

Lectures critiques de poèmes des *Fleurs du mal*

Paul BÉNICHOU, *À propos du « Guignon ». Note sur le travail poétique chez Baudelaire*, Études baudelairiennes, III.

Pierre-Georges CASTEX, *« La Beauté », Fleur du mal*, Revue des Sciences humaines, sept. 1959.

Léon CELLIER, *« Les Phares » de Baudelaire, étude structure*, Revue des Sciences humaines, mars 1966.

Roman JAKOBSON et Claude LÉVI-STRAUSS, *« Les Chats » de Charles Baudelaire* in *L'Homme II*, avril 1962.

Henri MESCHONNIC, « Un poème est lu : "Chant d'automne" de Baudelaire » in *Pour la poétique III*, Gallimard, 1973.

Jean PELLEGRIN, *Baudelaire et « Les Correspondances »*, in Revue des Sciences humaines, mars 1966.

Mikael RIFFATERRE, « Les Chats » in *Essais de stylistique structurale*, Flammarion, 1971.

Imprimé en France par IFC. Saint-Germain-du-Puy 18390.
N° éditeur : 10105358 - Dépôt légal : août 2003 - N° imprimeur : 03/75